Een tweede leven met Formule 1

Ander werk van Olav Mol

Een leven met Formule 1® (2016)
Grand Prix Retro (2016)
F1® 2016, wat een jaar! (2016)
Zo werkt de Formule 1® (2017)
F1® 2017. Oorlog op de baan (2017)
Ayrton Senna (2018)
F1® 2018. De Vijfde van Lewis (2018)
F1® Seizoenskalender 2019
F1® 2019. Spektakel en intriges
Snelle Sam. De Grand Prix (2020)
Snelle Sam. De Kartcup (2020)
Snelle Sam. De klapper (2021)
Dit is Formule 1® (verschijnt najaar 2021)

OLAV MOL EN ERIK HOUBEN

EEN TWEEDE LEVEN MET FORMULE 1

VOLT

Amsterdam • Antwerpen

FSC
www.fsc.org
MIX
Papier van verantwoorde herkomst
FSC® C004472

Omslag DPS Design & Prepress Studio
Omslagbeeld © Hans-Peter van Velthoven
Binnenwerk Zeno Carpentier Alting

ISBN 978 90 214 2266 4 / NUR 480
www.uitgeverijvolt.nl

Inhoud

Voorwoord

DOOR JAN PETER BALKENENDE

Het was de zaterdag van de kwalificatie voor de Grand Prix van Singapore in 2017, waar de Nederlandse ambassadeur Margriet Vonno mij, mede namens Heineken, voor had uitgenodigd. Ik werd in de auto van de ambassadeur met een Nederlandse vlag voorop naar het prachtig door Philips verlichte circuit in de stad gebracht. Tijdens de kwalificatie zelf stond ik in de pits van Red Bull naast Jos Verstappen, met wie ik zijn zoon Max naar een knappe tweede startpositie zag rijden.

Op zondag was ik er weer om de race te zien. Door toedoen van de Ferrari's viel Max helaas snel uit, waarna ik naar de hospitalityruimte van Red Bull ben gegaan en met Jos, Max en zijn zus Victoria een biertje heb gedronken. Daardoor miste ik wel de minister-president van Singapore, maar gelukkig was ik eerder die week al bij hem langs geweest.

De afgelopen jaren heb ik met enige regelmaat een Grand Prix bezocht, waaronder die op Silverstone, Hockenheim, Suzuka en Spa-Francorchamps. Ik vind het altijd leuk om rond te lopen op de circuits en mensen te ontmoeten. Op Silverstone sprak ik met Jackie Stewart en op Spa-Francorchamps met Lewis Hamilton en Toto Wolff. Jean Todt sprak ik op Zandvoort bij de Jumbo Racedagen, overigens nadat ik eerder mijn ongenoegen bij hem had geuit over de opstelling van de officials bij de F1 in Austin, waardoor Max een podiumplaats werd ontnomen.

Een van de mensen die ik ook ontmoette op de circuits was Olav Mol, die inmiddels al dertig jaar bij het Formule 1-circus hoort. Dat soort toevallige ontmoetingen met Olav zijn altijd leuk, vooral omdat hij een integraal onderdeel vormt van het hele F1-gebeuren, en dat voel je op dat soort momenten.

Je spreekt elkaar dan niet uitgebreid. Olav is immers druk aan het werk en voor mij is er vaak ook een vol programma bedacht. Dus toen mij gevraagd werd of ik het voorwoord voor dit boek wilde schrijven, dacht ik: dit is mijn kans om hem eens te vertellen hoe ik, net als soms meer dan twee miljoen andere Nederlanders, méde door hem van de Formule 1 geniet.

Olavs eerste biografie *Een leven met Formule 1* komt uit in mei 2016 en wordt letterlijk gedrukt als Max Verstappen zijn eerste Grand Prix wint. Olav roept in de eerste ronde: 'De beide Mercedessen tetsen eraf!' En na een bloedstollende slotfase, waarin Max Verstappen de Ferrari met Kimi Räikkönen achter zich weet te houden, gaat er bij Olav een luikje in zijn hoofd open, zoals hij dat zelf noemt. Je voelt even niet alleen met Max mee, maar ook met een emotionele Olav. Samen met hem ga je naar die zege toe en híj is degene die ook letterlijk het straatfeest uitroept.

Vanaf dat moment begon Olavs tweede leven met de

Formule 1, waar hij in dit boek over vertelt. Het leest ook alsof je Olav hoort praten op de manier die je van hem gewend bent: enthousiast, met veel kennis en humor, én met een eigen woordenschat.

Veel onderwerpen en mensen binnen en buiten het circuit komen aan bod, maar ook persoonlijke uitdagingen, waar hij als wereldreizende echtgenoot, vader en opa mee te maken heeft.

Een interessante ontdekking in dit boek vind ik de rol die Olav achter de schermen speelt om zaken in de sport te verbeteren. Hij beschrijft levendig hoe hij daar regelmatig met de mensen van de FIA en de FOM over praat. Het gaat te ver om te stellen dat Olav eigenhandig de *party mode* van het dominante Mercedes heeft uitgezet, maar hij heeft Charlie Whiting en de zijnen wél uitgelegd dat het in zijn opinie de coureur is die gas moet geven, niet een stuk software. We hebben het natuurlijk vaak gezien: Max Verstappen of Charles Leclerc is de snelste in Q1 en Q2, vervolgens zet Mercedes de party mode aan, en ineens is Lewis Hamilton de snelste en pakt de poleposition. Olav spande zich hier in voor de televisiekijkers, aan wie al het gedoe met die verschillende motorstanden bijna niet was uit te leggen.

Het praten met de FOM en de FIA is echter maar een klein deel van alles wat er in Olavs F1-leven gebeurt. Zo vertelt hij hoe Carlos Sainz senior, 'El Matador', hem thuis in Spanje belde om te verifiëren wat hij nou precies over hem en zijn zoon gezegd had. En hoe op een ochtend voor de Grand Prix van Engeland de communicatiebazen van zowel Mercedes als Ferrari hem belden over wat hij over hen verteld zou hebben. Het gaat dan doorgaans om zaken die net niet goed vertaald worden in buitenlandse media. Gelukkig kan hij dat telkens oplossen, vaak bij een kop koffie, maar het is een probleem van de huidige tijd, waarin informatie razendsnel in verschillende talen de wereld over gaat. En als daarbij één woordje fout vertaald wordt, kan iets een totaal andere betekenis krijgen.

Olav zegt in dit boek dat hij de mooiste baan op aarde heeft, en voor velen zal dat ook zo lijken. Hij mag de hele wereld over vliegen om verslag te doen van een van de meest bekeken sportcompetities ter wereld, en loopt rond tussen wereldsterren als Lewis Hamilton, Fernando Alonso, Sebastian Vettel en Max Verstappen. Over al deze mannen geeft hij in dit boek zijn visie, waarbij hij de ontwikkeling van Max Verstappen als coureur het uitgebreidst belicht.

Wat we met Max meemaken is natuurlijk fascinerend. Zijn manier van rijden is spectaculair, maar ook wat hij daarmee teweegbrengt is uniek. We krijgen door Max weer een Nederlandse Grand Prix, wat voor een klein land heel belangrijk is. Nederland heeft dat soort grote evenementen nodig, dat is goed voor de uitstraling. Ik ben dan ook heel blij dat het op Zandvoort gaat gebeuren, op eigen kracht en zonder echte steun van politiek Den Haag. Omdat een aantal Nederlandse familiebedrijven garant is gaan staan krijgt ons land er een evenement bij, dat ons wereldwijd op een positieve manier laat zien. En of Max die race nu wint of niet, het oranje leger zal vast en zeker voor mooie plaatjes gaan zorgen.

En Olav Mol zal er verslag van doen, zoals hij dat veertig jaar geleden ook al deed op Zandvoort. Er zullen ongetwijfeld commentatoren zijn die daar ook wat moois van kunnen maken, maar voor mij is er maar één die dat het beste kan, vooral na het lezen van dit boek. Ik begrijp nu nog beter wat hij er allemaal voor moet doen én laten om ons te laten genieten van de koningsklasse van de autosport. Ik hoop dan ook dat áls de dag komt dat Max Verstappen wereldkampioen wordt, ik het met Olavs commentaar erbij mag beleven.

Het trainingsdebuut van Max Verstappen

Er schijnt een flauw zonnetje in Suzuka. Het is typisch zo'n dag dat het lekker warm is terwijl je weet dat het land een paar dagen later weer in de ban kan zijn van een tyfoon. Met mijn camera in de hand loop ik het paddock op. Voor de hospitality-unit van Toro Rosso staan pers, fotografen en cameraploegen. Het is 3 oktober 2014, drie dagen na Max Verstappens zeventiende verjaardag, en hij staat op het punt om zijn officiële debuut te maken tijdens de eerste vrije training van de Grand Prix van Japan. Ter voorbereiding heeft Max op het Italiaanse Adria al gereden met een oudere versie van de auto, een die nog uitgerust was met de V8-motor, en daar heeft hij ook uiteindelijk de verplichte driehonderd kilometer afgelegd om in aanmerking te komen voor zijn superlicentie.

Ik heb een duidelijk beeld van wat ik wil vastleggen: het loopje van Max in zijn raceoverall van de hospitality-unit naar de garage. Als hij daar eenmaal is, zal ik blijven staan en vastleggen hoe hij verdwijnt in de gang van de pitbox.

Wachtend op wat komen gaat sta ik een beetje te keuvelen met Frits van Eldik en Peter van Egmond. De huisfotograaf van Toro Rosso komt er ook even bij en ik hoor hem uitleggen aan Frits en Peter wat hij wil gaan doen. Ook voor het team is het debuut van Max een dingetje waar ze zelf zo veel mogelijk beeld van willen schieten.

Een kleine twintig minuten voor aanvang van de training is het moment daar. Max wandelt richting de pitbox en ik volg hem op de voet. Hij oogt relaxed. Vlak voor de ingang van de pitbox laat ik hem mij inhalen. We komen bij de gang achteraan en ik laat mijn camera wat zakken om hem mooi uit beeld te laten lopen. Tot zover gaat alles oké en ik heb het beeld dat ik graag wilde. Een fractie van een seconde later blijkt dat de huisfotograaf van Toro Rosso aan het einde van dezelfde gang zit om een mooie kiek van Max te maken. De wanden glimmen en zo kan hij in één beeld drie keer Max tonen, waarvan twee keer via de spiegeling. Ik zie hem pas als Max de hoek om is. Hij is niet blij want ik sta vol in zijn beeld. Ik krijg een scheldkanonnade van jewelste over me heen: '*Fucking cunt! Fucking wanker! I told you I was going to be here!*' De man had maar één kans om die foto te maken en in het gesprekje met Frits en Peter heeft hij expliciet gevraagd of ze de ingang van de pitbox vrij wilden houden. Het is volledig langs mij heen gegaan, maar ik heb dus wel zijn shot verneukt.

Gelukkig kunnen we er nu – hij werkt namelijk nog steeds voor het team – wel om lachen als we het erover hebben.

Gedurende die eerste vrije training filmde ik allerlei historisch unieke momenten in Max' carrière: voor de eerste keer de pitbox uit rijden, een oefenpitstop maken, praten met zijn engineer Xevi Pujolar. In de auto zat immers de jongste Formule 1-coureur ooit. Een jongen van zeventien zonder rijbewijs maar met een superlicentie voor de Formule 1 op zak.

De anderhalf uur maakte Max niet vol omdat de MGU-H van de Renault-krachtbron er de brui aan gaf. Tot dat punt was hij gewoon lekker bezig. Geen gekke fouten, geen spins en zelfs het uitvalmoment zag eruit of hij al jaren meedeed. Hij zette de auto rustig in het gras en deed dat op een veilig punt. Alles klopte, aan alles kon je zien dat dit niet zijn einddoel was, maar het begin van een grootse carrière in de Formule 1.

Jos Verstappen stond achter in de pitbox met een headset van het team om alles mee te krijgen van het radioverkeer. Hier had hij het voor gedaan. Zijn zoon naar het hoogst haalbare in de autosport brengen. Max was opgevoed om de beste te willen zijn en ook te kúnnen zijn. Hij was erop voorbereid om de fouten die Jos zelf als rijder gemaakt had te vermijden. Dit zei Jos erover op de eigen website van de Verstappens: 'Toen ik Max de eerste keer de pitbox uit zag rijden en de eerste ronden zag maken, was ik nerveus. Hij zit voor de eerste keer in de STR9 en nog wel op een moeilijk circuit, vooral de eerste sector. Maar Max heeft het heel snel opgepakt. Iedereen heeft gezien dat hij sterk heeft gepresteerd, helemaal top.'

Doktor Helmut Marko wilde geen mediaspektakel na Max' eerste meters in de F1 en dus was er geen mogelijkheid om hem die vrijdag te interviewen. Nog dezelfde middag vloog hij terug naar Europa.

Via *Verstappen.nl* bracht Max een kort statement naar buiten: 'Mijn eerste officiële vrije training in de Formule 1 ging erg goed. Ik heb het rustig opgebouwd en ben stap voor stap sneller gegaan. Met de gereden tijd en twaalfde plaats ben ik zeker tevreden, omdat ik het voor mijn gevoel nog rustig aan deed. Ik wilde namelijk voor mezelf en Scuderia Toro Rosso zo veel mogelijk kilometers maken zonder daarbij risico's te nemen. In mijn snelste ronde had ik ook nog met verkeer te maken, dus ik ben heel tevreden met mijn rondetijd.'

Ook schreef hij: 'Suzuka is een supermooi circuit om over te rijden, heb ik ervaren. Maar het is ook moeilijk, je moet de bochtencombinaties goed doorkomen. De STR9 waar ik in reed voelt iets anders aan dan de 2012-auto waar ik eerder mee getest heb, maar heel prettig. Ook de samenwerking met Toro Rosso verloopt prima. Het hele team is ontzettend aardig en ik voel me er thuis. Er wordt professioneel gewerkt en er is veel kennis aanwezig. Ik kijk nu al uit naar mijn volgende vrije training bij de Grand Prix in Austin.'

Het weekend in Japan ging verder zonder Max, maar het zou een plek krijgen in de geschiedenis van de Formule 1. Op zaterdag zorgde Sebastian Vettel bovendien voor een schok op het paddock door bij zijn Red Bull-bazen aan te kondigen dat hij zijn carrière zou vervolgen bij Ferrari. En op zondag was de wereld getuige van het verschrikkelijke ongeluk van Jules Bianchi, waaraan hij na maanden in coma te hebben gelegen uiteindelijk op 15 juli 2015 overleed in het Zuid-Franse Nice.

Je zou kunnen stellen dat in het weekend van de Japanse Grand Prix van 2014 de wereld kennismaakte met een groot talent en er ook een verloor.

Schieten met een tank

Nishi Meihan, Hanwa Expressway, Matsubara Junction, weg 25 bij Tenri en dan afslag Suzuka. Zo zit de weg van Osaka naar Suzuka in mijn hoofd. Sinds 2013 reis ik voor Ziggo de wereld over en in de beginjaren deed ik dat helemaal in mijn uppie. En ik heb nieuws voor je: ik hou best wel van reizen maar in je eentje is dat toch niet altijd even leuk.

Het was het eerdergenoemde weekend van de Grand Prix van Japan in 2014. Ik had besloten dat ik niet op de zondagavond weg zou rijden uit Suzuka. In het verleden deden we dat wel, maar het was altijd een soort dodemansrit terug naar Osaka. Eerst moest je een stuk door de bergen en dan kreeg je bij Osaka te maken met allerlei tolwegen en veel drukte. Ik had me voorgenomen om lekker op de maandag na de wedstrijd te rijden. Ik was toch alleen en hoefde met niemand rekening te houden. Maandag zou ik slapen in een hotel op het vliegveld, om op dinsdagochtend de vlucht terug naar Nederland te pakken om half elf.

Zo gezegd zo gedaan, maar op maandag kwam ik er weer eens achter dat zo'n Japans navigatiesysteem niet altijd in je voordeel werkt. Als ik een huurauto ophaal, vraag ik de jongens altijd of ze het in het Engels kunnen zetten, maar dan krijg je maar een klein aantal aanwijzingen in die taal. Dat ding blijft ook gewoon Japans babbelen. Maar nogmaals, in grote lijnen wist ik de route eigenlijk wel uit mijn hoofd, dus ik begon op maandagochtend relaxed om een uur of elf te rijden.

Op dat soort trips heb je altijd herkenningspunten, bijvoorbeeld een plek waar je een kop koffie kunt halen. Bij Tenri twijfelde ik een beetje, want ik zag maar geen borden met Matsubara Junction erop. Bij de afslag stond in mijn geheugen een bord met daarop een groot vliegtuig getekend. Het was een lastige afslag, een smal afritje van misschien vierhonderd meter lang met een haakse bocht. En als je die zou missen, dan reed je Osaka in, waarna je echt aan de goden overgeleverd was. Maar die afslag zag ik dus niet.

Wat ik ook nog wist was dat er vlak na het tolpoortje van Tenri links een tankstation annex restaurant zat. Ik besloot daar maar even te stoppen om te kijken of ik nog steeds op de goede weg zat richting Matsubara Junction, een belangrijk knooppunt van de plaatselijke snelwegen.

Bij zo'n station kun je verse koffie halen, maar het leuke van Japan is dat er buiten vaak ook mooie apparaten staan. Je kunt daar honderd yen in gooien bij het blauwe stickertje en dan krijg je een koude drank, of honderd bij het rode stickertje en dan krijg je wat warms. Ik kies altijd voor BOSS-koffie, waarop tussen al het Japans weer in het Frans 'café au lait' staat, en dat is echt superlekkere koffie.

Deze keer liep ik gelijk naar binnen. In de ruimte die ik betrad zou het programma *Tussen Kunst en Kitsch* niks te zoeken hebben, want dan zou het *Tussen Kitsch en Kitsch* moeten heten. Er waren talloze prulletjes, beeldjes en pennetjes uitgestald. Ik zag ook veel eten: gedroogde vis maar ook bijna zwart geworden eieren, want ze namen het daar niet altijd even nauw met de houdbaarheidsdatum.

Achter een balietje zat een kleine mevrouw en ik probeerde haar uit te leggen dat ik op zoek was naar Matsubara Junction. Ze schudde met haar hoofd dat dít niet Matsubara Junction was. Dat wist ik en ik probeerde tevergeefs met handgebaren duidelijk te maken dat ik wilde weten hoe ik daar dan wél kon komen.

Ik wandelde terug naar buiten naar de parkeerplaats, en tot mijn verbazing stond er links op de parkeerplaats een Mini Cooper met het stuur rechts en een grote Engelse vlag op het dak geschilderd. Daarbij stonden twee hippie-achtige Japanners, dus ik dacht: als er iemand hier een beetje Engels babbelt, dan zijn zij dat.

Ik liep op ze af en zei: '*Nice car.*'

'*Yes, very good. Very, very, véry good car,*' antwoordde een van de twee enthousiast. We babbelden wat over en weer en ik begreep dat zijn Engels toch niet heel tof was, maar net goed genoeg.

Op de vraag 'Ben ik op de goede route naar Matsubara Junction?' kwam gelukkig een zinnig antwoord: '*Five mile, five mile, take left. Five mile, five mile, take left.*' Ik ging er dus maar van uit dat ik een kilometer of acht verderop links moest afslaan.

De man en zijn makker stapten weer in en reden weg, en zelf ging ik ook weer op pad. Vlak voordat ik even later op de snelweg linksaf moest haalde ik hem in. Ik denk dat hij zeventig kilometer per uur reed met dat autootje.

Het zijn van die ontmoetingen die je van tevoren

niet kunt plannen. Op een heel ander tijdstip dan normaal terugreizen naar Osaka, toch een beetje in de twijfel raken, ook omdat je in je uppie bent, en dan een autootje tegenkomen dat totaal niet in Japan hoort. Die Engelse vlag op dat cultbakkie gaf me weer hoop, en uiteindelijk bleek dát de sleutel om weer verder te kunnen.

Ik was ook in mijn eentje toen ik voor het eerst richting Austin in Texas reed. Ik zat buiten de stad in een Holiday Inn en heb al die dagen dat ik er was niets van downtown Austin gezien. Het circuit ligt namelijk midden in een soort Noordoostpolder die onderdeel is van Greater Austin, de regio rondom de stad.

Ik was vanaf Amsterdam gevlogen en na een tussenstop in Minneapolis kwam ik daar 's avonds laat aan. De huurauto stond klaar bij Hertz, waar het altijd een feestje is in Amerika. Als je zoals ik namelijk redelijk wat Hertz-auto's huurt, kom je terecht in de President's Circle en mag je er gewoon een uitkiezen. In dit geval wees ik een of andere dikke V8 aan en zei: 'Geef mij die maar mee.' Het hotel was met behulp van de navigatie makkelijk gevonden, dus alles ging helemaal prima.

De volgende ochtend moest ik naar de accreditatie. Ik moest daar een sticker voor op mijn camera halen, want ik deed op dat moment ook nog zelf het camerawerk. Op de navigatie toetste ik in wat er op het FOM-formulier stond en ik zag dat de accreditatie drie mijl verderop in een hotel zat. Ik dacht: da's goed geregeld. Ik reed ernaartoe, parkeerde mijn auto, liep naar binnen, keek om me heen, maar zag helemaal niks. Ik informeerde bij de balie of hier de media-accreditatie van de Formule 1 zat. Dat was niet het geval volgens de meneer achter de balie, maar de postcode leek mij wel juist. Hij zei dat die postcode bij een lange weg hoorde, en het kon dus zus zijn, maar het kon ook zo zijn. Kortom, ik werd niks wijzer.

Ik belde Susan Simmonds van de FOM maar. Ik zei: 'Hallo Susan, met Ollie. Het is mijn eerste keer in Austin, maar dat hotel waar de accreditatie zou zijn...'

'Nee, dat was een foutje,' zei Susan. 'De accreditatie zit op de weg die vanaf de doorgaande weg naar het circuit leidt. Het is niet te missen.'

Ik bedankte haar en voerde in de navigatie in dat ik naar het Circuit of The Americas wilde. Na enige tijd rijden kwam ik bij een grote kruising, waar ik links afsloeg en op een weggetje met autosloperijen kwam. Er stond ook een groot bord dat je daar met een tank kon schieten, als je dat wilde. Welkom in Amerika.

Ik reed verder en kwam steeds dichter bij het circuit, maar ik zag nergens een bord met 'MEDIA ACCREDITATION CENTER'. Normaal gesproken heeft de Formule 1 altijd zijn eigen wegaanduidingen. Dan staat er bijvoorbeeld duidelijk aangegeven: 'FORMULA 1 PERSONNEL PARKING', 'NATIONAL MEDIA PARKING' of 'INTERNATIONAL MEDIA PARKING'. Dat soort dingen waren er ook niet en ineens was ik het circuit, dat je vanaf de weg niet kon zien, alweer bijna voorbij. Ik draaide dus om en zag ineens een bord met 'MEDIA ACCREDITATION' en een pijl omhoog, dus rechtdoor. Ik reed terug in de richting waar ik vandaan was gekomen, maar helaas, een tweede bord dat aangaf waar het nou werkelijk was kon ik niet ontdekken.

Ik belde nog een keer met Susan, die mij uitlegde dat de accreditatie in een groot gebouw achter een tankstation zat en dat er toch echt een bordje langs de weg stond. Stapvoets ging ik weer rijden en ja hoor, ik zag zo'n piepklein bordje waarmee ze je in een rally of toerrit weleens proberen te naaien. Dan moet je letters op bordjes ontdekken, maar wordt het je lekker lastig gemaakt om de routeaanduidingen te ontwaren. Het was vijftien centimeter hoog en misschien veertig centimeter breed en de vage krijtletters waren nog net te lezen.

Een ander voorbeeld dat het alleen reizen niet altijd top is, is toen ik voor het eerst naar Mexico ging. De Grand Prix daar kwam in 2015 terug op de kalender en Olliemollie mocht er vanaf de Grand Prix van Amerika naartoe. Ik ging eerst met een klein vliegtuig terug naar Minneapolis en vloog daarvandaan verder met een grotere Boeing 737. In de businessclass zag ik wat coureurs, maar ik liep door naar achteren, waar de journalisten zaten. We vlogen naar Mexico-Stad, waarvoor ik door heel wat mensen gewaarschuwd was. Het zou er supergevaarlijk zijn.

Ik had een hotel op vier kilometer van het circuit gevonden, dus dat was op zich prettig. Onduidelijk was echter of de wijk waar dat hotel stond in orde was. Het was geen Hilton-hotel maar had in de naam wel 'by Hilton' en het lag aan een kruispunt. Qua verkeer was het daar echt niet normaal. Het is tot elf uur 's avonds drie, vier rijen dik rijden, dan wordt het 's nachts een beetje rustiger en vanaf zeven uur staat het weer helemaal vast op vier rijbanen.

Dat laatste ondervond ik de volgende ochtend toen ik mijn accreditatie moest gaan ophalen. Ik had het voor mijn gevoel relaxed gepland. Om acht uur ging ik weg voor een ritje van veertien kilometer, dan zou ik om negen uur mijn accreditatie hebben en om tien uur ruim op tijd op het circuit zijn. Je voelt hem al aankomen: die accreditatie veertien kilometer verderop was in de binnenstad en het kostte me drieënhalf uur om er te komen. Toen moest ik terug, tien kilometer naar het circuit, en ook dat duurde twee uur, zodat ik er uiteindelijk pas rond twee uur was.

Dat was wel een waarschuwing voor de vrijdagochtend, toen de vrije trainingen begonnen. Toen ben ik al om half zeven in de auto gestapt, en die keer legde ik de vier kilometer naar het circuit af in drie kwartier. Maar als je een halfuur later gaat, zoals we in de jaren daarna hebben meegemaakt met Jack en de cameramensen, dan doe je er soms gewoon anderhalf uur over. Dat is echt bizar.

Omdat iedereen riep dat het zo gevaarlijk was ben ik het hotel nauwelijks uit geweest. Aan de overkant was een soort markt, daar was het heel druk. Je had van die autobussen, die daar stopten, waarbij dertig of veertig mensen buiten het raam hingen om maar mee te kunnen. Het eten in het hotel was niet te vreten, maar ja, wat moet je? Ik heb af en toe buiten op een bankje voor het hotel gezeten om een peukie te roken, maar ik durfde niet over te steken om te kijken of er op die markt iets normaals te eten was. De jaren erna kwamen we erachter dat het op die markt prima toeven was, maar dan ben je wel met drie of vier man en niet in je eentje. Mexico-Stad is koploper in de wereld als het gaat om ontvoeringen. En nou wil ik best een keer de headlines halen, maar liever niet op die manier.

Het racedebuut van Max Verstappen

Het racedebuut van Max Verstappen in de Formule 1 kwam in Australië, op 15 maart, bij de seizoenopener van 2015. Op de donderdag stond hij voor het eerst bij de gebruikelijke fotomomenten met zijn helm in zijn hand als echte Grand Prix-coureur.

Er was ook wat reuring die dag, want eigenlijk hadden er in Melbourne twéé Nederlanders aan de start moeten staan. De andere was Giedo van der Garde, maar die had een probleem met zijn team. Sauber had namelijk tijdens de winter bekendgemaakt dat Marcus Ericsson en Felipe Nasr zouden gaan rijden. Giedo was ervan overtuigd dat hij een bindend contract had met teambazin Monisha Kaltenborn en het team, en dus werd er een rechtszaak gestart. Daarin vroeg Giedo de rechter om een eerdere uitspraak van een Zwitserse arbitrage te bevestigen die bepaalde dat zijn contract geldig was en dat Sauber hem niet mocht beletten mee te doen aan het wereldkampioenschap. Het pleidooi van Sauber was dat ze het team niet in gevaar konden brengen door Van der Garde in een auto te laten rijden die helemaal op maat was gemaakt voor Ericsson en Nasr.

Een dag later kwam er nog een bezwaar van Sauber. Giedo zou de vertrouwelijkheid van zijn contract hebben geschonden door er publiekelijk over te spreken én de FIA had volgens Sauber het beëindigen van Giedo's contract in december goedgekeurd. De rechter wees dit bezwaar af, met het dringende verzoek aan beide partijen om er toch eerst onderling uit proberen te komen. Voor Sauber was duidelijk dat ze íéts moesten doen omdat er een risico was dat er beslag op de auto's werd gelegd, waarna er überhaupt niet geracet zou kunnen worden.

Giedo wilde intussen het paddock in, wat bepaald niet vanzelf ging. Hij moest wachten tot het team een pasje voor hem had geregeld, dat uiteindelijk bezorgd werd door een chagrijnige teammanager Beat Zehnder. Voor zo'n pas moet een team gewoon betalen, en de financiële situatie bij Sauber was op dat moment niet tof. Er zaten ook best wel wat jongens in het team die vonden dat Giedo het allemaal niet netjes deed. Maar ja, hij had een contract en deed alles wat hij kon om zich voor te bereiden op de Grand Prix, al wist hij dat de kans klein was dat hij die ook daadwerkelijk zou rijden. Het ging op een gegeven moment zo ver dat Giedo op dat paddock de raceoverall van Marcus Ericsson aantrok en daarin poseerde voor de foto.

Intussen werd op de achtergrond gesproken en onderhandeld, wat op zaterdagochtend leidde tot een gezamenlijke verklaring. Giedo van der Garde zou afzien van deelname in Australië, en de twee partijen zouden in de nabije toekomst samen zoeken naar een oplossing. Die kwam er binnen drie dagen: naar verluidt heeft Sauber hem zeven miljoen euro betaald om van het contract af te zien.

Het was sowieso wel een bijzonder weekend, omdat tijdens diezelfde wedstrijd het nieuwe team van Manor zou debuteren. Een paar weken ervoor had het de goedkeuring gekregen om mee te doen, nadat de financiële situatie als voldoende stevig was beoordeeld. Will Stevens en Roberto Mehri, de coureurs van het team, deden die week vrolijk mee met alle mediaverplichtingen. De voorbereidingstijd bleek echter onvoldoende om de auto's gereed te krijgen en het werd duidelijk dat er niet gereden zou worden.

Een vreemde eend in de bijt was Kevin Magnussen. Hij had het jaar ervoor zijn debuut gemaakt in de Formule 1 bij McLaren maar moest daar nu plaatsmaken voor Fernando Alonso, die van Ferrari overkwam. Alonso mocht van zijn doktoren echter niet racen in Melbourne. Hij had in de tweede week van de wintertest in Barcelona een heel rare crash meegemaakt. Dat was drie weken voor de Grand Prix van Australië. Hij kwam daar in de muur terecht, had enkele dagen in het ziekenhuis gelegen. Hij had onder andere een hersenschudding opgelopen, en men zei dat als hij weer zou crashen, het heel lastig kon worden voor de Spanjaard. Alonso verklaarde zelf dat hij het jammer vond maar dat hij het besluit van de artsen respecteerde.

Wat er bij die crash in Barcelona nou precies gebeurde is nog steeds niet helemaal duidelijk. Het was bij het uitkomen van de lange doordraaier, bocht drie, waar hij aan het einde in de muur terechtkwam. Er zijn geen beelden beschikbaar van het ongeluk, alleen amateurvideo's van ná de klap. Alonso raakte bewusteloos en de Spaanse krant *El País* schreef dat hij volgens de doktoren bij het ontwaken zei: 'Ik ben Fernando Alonso. Ik race in karts en wil Formule 1-coureur worden.'

McLaren gaf aan dat de oorzaak van de crash gezocht

moest worden in de harde windvlagen die er die dag waren. Een mogelijk falen van de techniek werd niet benoemd. Alonso zelf sprak er later over bij de Grand Prix van Maleisië. Hij zei dat de wind uiteraard niet behulpzaam was maar dat er wel degelijk iets met de auto aan de hand was. 'We hadden een stuurprobleem in het midden van bocht drie. Hij blokkeerde naar rechts, ik naderde de muur, ik remde op het laatste moment, ik schakelde terug van de vijfde naar de derde.' Er gaan nog steeds geruchten dat het ongeluk te maken heeft gehad met de elektriciteit aan boord van de auto, met de hybridesystemen. Dat er mogelijk een kortsluiting is geweest tussen Alonso's lijf en de auto, en dat hij er daardoor afgegaan is.

Hoe het ook zij, in Australië was hij er niet bij. Max Verstappen was er uiteraard wel, en heel Formule 1-minnend Nederland had de wekker gezet en keek mee. Het ging eigenlijk best goed, dat rijden in de Toro Rosso met Renault-motor samen met teamgenootje Carlos Sainz. Max fietste dat weekend overal wel redelijk doorheen en zat lekker in zijn vel. Tijdens de eerste kwalificatiesessie stond iedereen toch even te kijken, want toen was Max Verstappen ineens de vierde man. Later maakte hij een foutje en hij kwalificeerde zich uiteindelijk als twaalfde, met Sainz vier plekken voor hem.

Het werd een rare wedstrijd waarin maar elf man de finish bereikten. De elfde man was Jenson Button in de McLaren-Honda, die op twee ronden achterstand binnenkwam. Hij reed op het einde alleen nog maar om de auto over de lijn te brengen. De eerste wedstrijdkilometers van de Honda-motor in de McLaren-auto waren nou niet de mooiste die er waren en alleen al de race uitrijden was een overwinning op zich.

De Lotus-Mercedessen van Romain Grosjean en Pastor Maldonado waren al in de eerste ronde uitgevallen, maar dat was nog niet alles, want vijf auto's stonden niet eens aan de start. Valtteri Bottas had zich teruggetrokken vanwege een rugblessure nadat er een botje was verschoven toen hij te hard over een kerbstone ging. Vervolgens ging bij Kevin Magnussen in de ronde naar de start de uitlaat van zijn McLaren stuk en begaf de versnellingsbak van Daniil Kvyats Red Bull het. En de twee Manors... die waren sowieso niet klaar. Er gingen dus slechts vijftien auto's van start, wat het laagste aantal was sinds de beruchte US Grand Prix van 2005 in Indianapolis, toen er maar zes van start gingen.

Het was dus vrij mager wat er allemaal gebeurde, maar wel tof om het mee te maken. Helaas voor Max moest hij zijn debuut al na tweeëndertig ronden beeindigen. Hij had tot dat moment eigenlijk weinig verkeerd gedaan, maar problemen met de bougies in de Renault-motor zorgden ervoor dat er geen punten kwamen.

Toch wist Max in deze beginfase van zijn carrière veel mensen enorm te verbazen. Bij de tweede wedstrijd, de Grand Prix van Maleisië, werd de kwalificatie een beetje verstoord door de regen. De Manors waren er nu wél bij maar konden allebei geen tijd rijden binnen honderdzeven procent van de snelste tijd, waardoor ze niet mochten starten. Verstappen zette zijn Toro Rosso echter gewoon op de zesde plek. Toen hoorde je in het paddock en later ook in het mediacentrum mensen zeggen: ja, we hadden wel gehoord dat hij heel goed was, maar dit soort dingen zien we niet zo vaak. Ik denk ook dat de Toro Rosso op dat moment misschien wel de perfecte auto voor hem was. Als hij in een auto had gezeten die top drie kon rijden, dan had dat ook gemoeten, maar een auto waarvan mensen geen top zes of top acht verwachten toch op P6 zetten, dat is wel lekker natuurlijk. En helemaal omdat Max daarmee teamgenoot Sainz, die niet verder dan P15 kwam, flink te grazen nam.

In de wedstrijd liep het niet allemaal even tof voor Max, maar daar kwamen uiteindelijk wel de belangrijke punten. Hij reed naar de zevende plaats in zijn tweede wedstrijd, en daarmee werd hij de allerjongste coureur ooit die WK-punten pakte.

Bij wedstrijd nummer drie in China raakte de hele wereld onder de indruk van wat Verstappen liet zien. Er kwamen weliswaar geen punten, wat natuurlijk jammer was, maar wat wél gebeurde was dat Max door een probleem vanaf de dertiende plek moest komen en in de wedstrijd liet zien wat hij in zich had. Hij maakte de ene na de andere inhaalmanoeuvre, op Felipe Nasr, op Marcus Ericsson en uiteindelijk ook op zijn eigen teamgenoot Carlos Sainz. Men zag iemand die anders was dan de anderen en dat inhalen deed Max alsof hij met een kartje bezig was. Hij lijnde gewoon rustig op voor elke aanval en laadde de hybridesystemen op. Hij deed dat eigenlijk om de ronde, oftewel één ronde opladen en de ronde erna een aanval wagen. De auto had natuurlijk niet de hoogste topsnelheid, maar op het lange rechte stuk kon hij met DRS telkens langzaam naar de voor hem rijdende auto toe kruipen. Max leek zeker op weg naar nieuwe punten, maar een weigerende versnellingsbak gooide helaas roet in het eten.

Later in Monaco was Verstappen wederom bezig aan

een sterke inhaalrace, die echter heel hard eindigde in de muur van Sainte Devote, oftewel bocht één van het stratencircuit. Hij joeg al even op Romain Grosjean, raakte bij start-finish diens Lotus van achteren en vloog toen rechtdoor. Of Grosjean nou te vroeg van zijn gas was gegaan of niet, Max was degene die vijf startplaatsen straf kreeg voor de race erna.

Later in het jaar pakte Max in Hongarije en in Amerika twee vierde plaatsen met de Toro Rosso en vanaf Hongarije tot aan de slotrace in Abu Dhabi was er ook geen enkele uitvalbeurt meer, maar wel een reeks van tien wedstrijden waarbij hij acht keer in de punten reed. Max finishte als twaalfde in zijn eerste kampioenschap met negenenveertig punten, terwijl teamgenoot Carlos Sainz het met plaats vijftien en achttien punten moest doen. Dat resultaat én zijn voor de Formule 1 verfrissende rijstijl, maakten het een prima debuutjaar voor Max Verstappen.

Sportoverwinningen zijn zo mooi*

In 2016 begon de zondag van de Grote Prijs van Spanje zoals elke andere zondag. Om kwart over zes ging de wekker: opstaan, douchen, klaarmaken en om zeven uur in de auto naar het circuit. Vanaf het Campanile-hotel, waar wij altijd slapen, is het een minuut of twaalf, dertien rijden. Het hotel zelf is niet veel bijzonders, maar de ligging maakt veel goed. We kwamen het circuit op rijden en aan de rechterkant, waar je van die campinkjes hebt, zagen we al een paar Nederlandse vlaggen.

Ik had natuurlijk nog geen vermoeden wat voor dag het zou worden.

Zoals gewoonlijk begonnen we met een cappuccinootje bij de mannen van het team van Red Bull, waarna onze vaste *morning call* volgde, een ochtendvergadering met de cameraman (in dit geval Arjen Ekster), Jack Plooij en mijzelf. We nemen dan door wat er die dag op de planning staat en bespreken het statement dat ik moet maken voor de uitzending, en mijn item voor *F1*

---

* Een eerdere versie van dit hoofdstuk verscheen in *F1 2016, wat een jaar!*.

Fans Only, het programma op de dinsdagavond waarvoor Jack de beelden verzorgt.

Omdat Max Verstappen nu ineens Red Bull-coureur was, waren de voorbije dagen anders dan normaal geweest. Donderdag hadden we al aan tafel gezeten met de persmensen van het team om te kijken of we onze afspraken met Max gewoon door konden zetten. Als Nederlandse televisie waren we zeker niet zo groot als Engeland, Duitsland of Italië, maar ons voordeel was dat wij een landsman in de auto hadden.

Bij Toro Rosso hadden we altijd een afspraak met Max op de vrijdag tussen half zes en zes uur, na de rijdersbriefing van vijf uur, waarbij de F1-coureurs met raceleider Charlie Whiting om de tafel zitten om het weekend door te nemen. Bij Red Bull hadden ze andere plannen. 'We gaan die afspraak om vijf over half vier doen,' zei de persman.

'Dat is interessant,' antwoordde ik. 'Dat is vijf minuten na afloop van de tweede vrije training.'

'Ja, maar om vier uur moet hij bij de engineers zijn, dat kan lang duren, en dan moet hij om vijf uur bij de rijdersbriefing zijn en daarna hebben we nog dit en daarna nog dat...' Het was duidelijk: het leven van Max Verstappen was bij Red Bull Racing een stuk drukker dan het bij Toro Rosso was geweest.

De zondagochtend van een Grand Prix is voor mij een ritueel, net als de zaterdag voor de kwalificatie. Ik ben altijd een uur voor de kwalificatie en twee uur voor de race in mijn commentaarpositie om me voor te bereiden. Ik kom binnen en hang een vuilniszak (of iets anders) voor het raam zodat ik geen last heb van het tegenlicht. De commentaarposities in Barcelona zijn behoorlijk groot, vier meter diep en vier meter breed, en hebben een enorme glaswand. Allereerst maak ik contact met de *master control room* in Hilversum. In die MCR komen alle verbindingen als eerste binnen en wordt ook het televisiesignaal verzonden. Het is het technisch hart van het televisiestation. Vervolgens praat ik met de audio-engineer en doen we een *synch test* om ons ervan te verzekeren dat het geluid synchroon loopt met het beeld waarover ik praat. Als daar een verschil in zit, dan ben ik thuis bijvoorbeeld te vroeg te horen. De coureurs staan nog stil op tv, maar ik roep: 'Wat een goede start van Lewis Hamilton.' Of ik ben te laat, zodat de coureurs al bij de eerste bocht zijn als ik roep: 'En daar gaan we van start…'

Als dat allemaal gedaan is, begin ik te werken aan wat ik zelf 'mijn behangetje' noem. Op zaterdag, maar helemaal op zondag, is de muur van mijn commentaarpositie één groot behang. Er hangen allerlei vellen en briefjes met informatie die ik nodig kan hebben voor de wedstrijd: nieuwtjes, wetenswaardigheden, achtergrondinformatie over de coureurs. Van iedere coureur hangt er een biografie met zijn leeftijd, zijn geboorteplaats, zijn eerste wedstrijd, zijn carrière, et cetera. Tegenwoordig zijn er veel meer *facts and figures* beschikbaar dan vroeger, dus er hangen ook meer papieren aan de muur.

Het was een heel normale zondag, zoals ik ze de vijfentwintig jaar ervoor flink wat keren had meegemaakt. Ik leefde rustig naar de wedstrijd toe en had geen voorgevoel dat er iets groots ophanden was. Het enige, en dat herinnerde ik me pas na de wedstrijd, was dat de kop van het statement dat ik voor de uitzending had ingesproken luidde: '15 mei 2016, wordt dat een heel mooie dag voor Nederland?'

En toen ging de Grand Prix van Spanje van start. Eén bocht, twee bochten, drie bochten, een prachtige inhaalmanoeuvre van Verstappen buitenom bij Vettel. En toen ketsten beide Mercedessen van de baan af, waar ik op dat moment wel blij mee was, al wenste ik het team zoiets natuurlijk niet toe. De dominantie van Mercedes is de afgelopen jaren zo groot geweest dat ik dacht: dit is wel héél fijn voor de wedstrijd. Vrij snel daarna realiseerde ik me dat de Red Bulls daardoor op plek één en twee kwamen te liggen.

Toen kwam het punt dat Max Verstappen de wedstrijd leidde. Voor het eerst een Nederlander aan de leiding in een Grand Prix en niet voor één rondje maar voor een paar, al zat Kimi Räikkönen hem verduiveld dicht op de hielen. Ik controleerde de tijden op de computer en zag dat hij met zeven tienden voorsprong het rechte stuk op zou komen. Dan zou Räikkönen hem net niet in kunnen halen. Uiteindelijk werden het zes tienden. Vanaf dat moment ben ik me erop gaan concentreren hoe Max telkens de laatste bocht nam, bij het opkomen van het rechte stuk. Kimi Räikkönen kon daardoor steeds geen echte aanval wagen. Max hield stand. Dit kan toch niet gebeuren, ging het door mijn hoofd. De voortekenen waren goed. Hoe ging het met de banden? Hoe zat het met de tactiek? Vier ronden voor het einde plofte er ineens een achterband bij Ricciardo, die met dezelfde auto als Max reed, en werd het even nóg spannender, maar toen kwamen toch echt die laatste rondjes.

Wat er toen gebeurde is eigenlijk niet met een pen te beschrijven. Allerlei dingen kwamen mijn hoofd binnen, allerlei herinneringen, emoties, alle keren dat ik gepraat had over mooie overwinningen, nooit van een

Nederlander, schandalige overwinningen (Michael Schumacher in Oostenrijk, waarbij Rubens Barrichello hem moest voorlaten) en zo kan ik nog wel even doorgaan. Max begon aan zijn laatste ronde. Dit gaat gebeuren, dacht ik. Dit gaat echt gebeuren.

Mede door de klapband van Ricciardo zat ik met mijn been te wiebelen. Och, jongen, dat ding moest heel blijven, dat ding moest heel blijven. Ook achter op het circuit van Barcelona is er een recht stuk en daar had Max weer een normale voorsprong van ongeveer een seconde. 'En nu komen we in Verstappenland,' was mijn commentaar, want dat was het deel waar hij zo sterk was.

Daarna won mijn strot het van mijn hoofd. Je kunt van alles bedenken wat je wilt zeggen, maar naarmate de finishlijn dichterbij kwam werd mijn keel verder dichtgeknepen. Ik dacht aan mijn overleden vrouw, had herinneringen aan minder spectaculaire wedstrijden en zei hardop: 'Jarenlang zit je naar dingen te kijken...' Je weet dan dus ook niet wat eruit komt op het moment dát de finish daar is. Dat werd het inmiddels beroemde en beruchte 'Yo hey, yo ho'.

Daar zat ik, als een klein kind met dikke tranen in mijn ogen te proberen mijn werk te doen, maar dat gíng helemaal niet. Het overkwam mij ook, die ongelooflijk mooie prestatie van Max: de allereerste keer bij het team, de allereerste keer in die auto en dan de race winnen. Die monteur, een Fin volgens mij, die riep: '*What's happening? What's happening?*' Ook dat beeld heb ik nog op mijn netvlies staan.

Ik zag een geëmotioneerde Jos Verstappen en een geëmotioneerde Max Verstappen op dat podium. Het Nederlandse volkslied klonk en daarna relativeerde ik mezelf tegenover het Nederlandse volk, inmiddels zo'n anderhalf miljoen kijkers, door te zeggen: 'Ja, daar zit je dan met je grote bek.'

Wat er daarna gebeurde was natuurlijk waanzinnig. Ik woon zeshonderd kilometer ten zuiden van Barcelona, dus ik had gedacht dat ik 's avonds gewoon naar huis zou rijden. Nou, dat liep dus allemaal anders. We moesten her en der verdeeld worden over allerlei televisieprogramma's. Ikzelf ging met de vader van Jos en met Robert Doornbos richting *Pauw*, Jack ging naar RTL *Late Night*. De telefoon rinkelde onafgebroken met allerlei verzoeken om interviews.

Ik was donderdagochtend weggereden van huis en zou eigenlijk zondagavond weer terugkeren. Uiteindelijk kwam ik pas thuis op woensdagavond. Naar Amsterdam gevlogen, weer terug naar Barcelona, en toen nog die rit naar huis met de auto. Ik had het allemaal voor geen goud willen missen.

In december van dat jaar kreeg dit verhaal nog een leuk en verrassend staartje. De jury van de Theo Koomen Award, vernoemd naar de man die mij als jongetje enthousiasmeerde met zíjn commentaar, had besloten dat ik de prijs zou krijgen voor het beste sportverslag van 2016. Bert Kranenbarg van Radio 2 vloog ermee naar Spanje, waar mijn dochter Stephanie hem aan mij mocht uitreiken.

En ja, ik moest wel even blozen toen ik hoorde wat juryvoorzitter Evert ten Napel te zeggen had: 'Hij heeft net als zijn voorgangers dat enthousiasme en dat originele dat een verslaggever nodig heeft. Hij heeft ook nog vakkennis, hij weet waar het over gaat en zit al heel lang in het vak. Dit jaar had hij het geluk van een vaderlandse trots, Max Verstappen, de winnaar van de Grote Prijs van Spanje. Olav ging helemaal uit zijn dak, zoals dat hoort. *Felicidades*!'

Als ik thuis ben zie ik de prijs, een perspex vierkant van tien bij tien centimeter met een mooie foto van Theo Koomen erin, meerdere keren per dag. Het is een herinnering aan een prachtige dag waarvan ík toevallig verslag mocht doen.

Yo hey, yo ho!

Dit was mijn commentaar tijdens de laatste ronde van de Grand Prix van Spanje op 15 mei 2016 in Barcelona:

Nederland, Nederland.

Wat is dit bizar.

Nog een half rondje voor Max Verstappen.

Negen tienden, Kimi Räikkönen.

Toch weer duwen, toch weer trekken.

Maar nu komen we in Verstappenland, want hier heeft-ie 'm steeds weg kunnen houden.

Zes tienden, even aanremmen nog.

De druk staat nog steeds vol op de ketel voor de Nederlander Max Verstappen.

Man, dat ik dit als commentator meemaak... Je lúlt niet meer.

Bizar, fucking bizar.

Jaren zit je naar dingen te kijken en te hopen, en daar is-ie.

Max Verstappen in de laatste bocht in Barcelona.

Yo hey, yo ho, yo fucking ho, wat bizar!

Ongelooflijk.

Sportoverwinningen zijn zo mooi en deze is de allermooiste die ik in m'n leven gezien heb.

'*What is happening?*' roepen ze hier.

Sjongejongejonge.

Straatfeest!

Hoe Rosberg Hamilton versloeg

Na een behoorlijke spannende seizoensfinale in Abu Dhabi werd uiteindelijk Nico Rosberg tot wereldkampioen gekroond der Formule 1 van 2016, net zoals zijn vader Keke Rosberg vierendertig jaar eerder gebeurde. Het verschil tussen vader en zoon: Keke behaalde in 1982 één Grand Prix-zege, Nico pakte er in 2016 negen.

Nico Rosberg begon zijn Formule 1-carrière in 2006 bij het team van Frank Williams en ging in 2010 richting het toen nieuwe Mercedes, waar hij de in de sport teruggekeerde zevenvoudig wereldkampioen Michael Schumacher als teamgenoot kreeg. Zijn eerste Grand Prix-overwinning kwam twee jaar later in China, zijn laatste was in Japan in 2016, en in totaal won hij drieëntwintig wedstrijden van de 206 waar hij aan meedeed. Twee keer was hij al vicewereldkampioen achter Lewis Hamilton geweest voordat hij uiteindelijk in 2016 zelf met de hoogste eer mocht strijken.

Die titel in 2016 kwam wel na een behoorlijk heftig ritje. Veel mensen zullen zich herinneren dat er twee Mercedessen van de baan vlogen in Spanje toen Max daar zijn eerste wedstrijd won, maar het was in de loop der jaren wel vaker bonje op de baan tussen Nico en Lewis. Niet zelden waren daar ook teamorders bij betrokken vanaf de pitmuur van Mercedes.

In 2013 joeg Nico in Maleisië op Lewis, die derde reed achter de Red Bulls van Sebastian Vettel en Mark Webber. Van het team kreeg Nico de opdracht om achter Lewis te blijven, die hij morrend accepteerde. Zo kon Lewis zijn eerste podium bij Mercedes pakken.

In 2014 werd de strijd heftiger en was er onder meer een adembenemend maar fair gevecht om de leiding tijdens haast de gehele Grand Prix van Bahrein, waarbij Lewis uiteindelijk aan het langste eind trok. Drie races later ging het er in Monaco minder vriendschappelijk aan toe toen Nico Rosberg in de kwalificatie de voorlopige poleposition had en vervolgens een gele vlag veroorzaakte door zich te verremmen bij Mirabeau Haute. Voor Lewis was het daardoor onmogelijk om zijn eigen tijd te verbeteren, wat hem over de boordradio de sarcastische uitspraak ontlokte: 'Ah, dat was erg goed van hem, erg goed.' En later in Hongarije was het Hamilton die orders kreeg om Rosberg voorbij te laten voor plek drie, wat hij niet deed. Vervolgens was het direct na de zomerstop weer raak in België, toen de twee kemphanen elkaar in Les Combes raakten, met een lekke band voor Lewis en een gebroken voorvleugel voor Nico als gevolg.

Meerdere mooie wiel-aan-wielgevechten, soms mét en soms zonder schade, waren er in 2014 en 2015 in onder andere Amerika en Japan, maar het was Lewis Hamilton die in beide jaren de titel wist te grijpen. In 2016 keerde het tij. Rosberg won de eerste vier wedstrijden en leidde het kampioenschap met achtenveertig punten voorsprong op Hamilton. En toen kwam de Grand Prix van Spanje, waar Hamilton Rosberg in de eerste ronde voorbij wilde steken, door het gras ging, slipte en daardoor Rosberg en zichzelf in de grindbak parkeerde. Lachende derde was Max Verstappen, die bij zijn debuut voor Red Bull uiteindelijk de grootse beker mocht ophalen aan de finish. In Oostenrijk was de volgende aanrijding, toen Lewis in de laatste ronde Nico aanviel voor de leiding. De twee maakten contact, waarbij Rosberg zijn voorvleugel stukreed, en Lewis de winst kon pakken.

De strijd ging door tot de laatste race. Rosberg had het grootste deel van het seizoen de ranglijst aangevoerd en was met een voorsprong van twaalf punten naar Abu Dhabi gevlogen. Lewis maakte alleen nog kans op de titel als hij won en Nico als vierde of lager finishte. Lewis leidde de race met Nico erachter, maar na de pitstops zat Max Verstappen er ineens tussen, die een eenstopper in plaats van een tweestopper deed. Het lukte Rosberg na lang aandringen eindelijk om de Nederlander te passeren, waardoor hij betrekkelijk comfortabel achter Lewis naar zijn titel kon koersen.

Hamilton dacht daar anders over en begon een slim tactisch spel, wat feitelijk ook het enige was wat hij kon doen. Hij vertraagde, zodat Max, Daniel Ricciardo en Sebastian Vettel op Rosberg konden inlopen. Als twee van hen tussen hem en Rosberg zouden finishen, kon hij nog kampioen worden. De teamleiding van Mercedes werd gek. Verstappen, Ricciardo en Vettel, die als enige op de snelste ultrasoft-banden reed, konden nog altijd een bedreiging voor Hamiltons winst vormen, maar hij bleef de boel gewoon lekker ophouden.

Het team greep in en tien ronden voor het einde riep zijn race-engineer Peter Bonnington over de boordradio: 'Oké, Lewis, je moet nu echt het tempo opschroeven, we hebben hoge vierenveertigers nodig, Vettel is een onmiddellijke dreiging.' Lewis trok zich er niks van aan. Vettel passeerde ondertussen Ricciardo en Verstappen, en hij begon rap in te lopen op Nico Rosberg.

Vier ronden voor het einde kreeg Lewis wederom een boodschap, ditmaal niet van zijn engineer maar van technisch directeur Paddy Lowe. Het was een duidelijke: 'Lewis, dit is Paddy. Je móét het tempo opschroeven om deze race te winnen. Dit is een opdracht.'

'Ik rij al aan de leiding en voel me goed waar ik nu ben,' wierp Lewis tegen, er even later aan toevoegend: 'Op dit moment ben ik het wereldkampioenschap aan het verliezen, dus ik ben er niet zo mee bezig of ik deze race win of verlies.'

En zo zou het zich ook ontvouwen. Vettel zat op Rosbergs staart maar kon niet verhinderen dat zijn landgenoot tweede werd achter Hamilton en daarmee voldoende punten scoorde om de wereldtitel te claimen.

Rosberg verklaarde achteraf dat het een loodzwaar seizoen voor hem was geweest, zo zwaar zelfs dat hij vijf dagen later bij het prijzengala van de FIA in Genève met een nogal schokkend bericht bekendmaakte dat hij er helemaal mee stopte. Zijn verklaring luidde: 'Sinds ik vijfentwintig jaar geleden begon met racen is het mijn droom geweest, mijn ene ding, om wereldkampioen in de Formule 1 te worden. En nu, na al het harde werk, de pijn en de opofferingen, is me dat gelukt. [...] Ik sta op de top van de berg, dus dit voelt goed. Mijn sterkste gevoel op dit moment is dankbaarheid tegenover iedereen die het mogelijk heeft gemaakt dat mijn droom is uitgekomen.'

Feitelijk zei hij dus als wereldkampioen: ik heb mijn

doel behaald en ben er klaar mee. Persoonlijk houd ik daar niet van. Het was zíjn beslissing, en die moet je respecteren, maar ik vind dat een kampioen altijd moet zeggen: het volgende jaar verdedig ik mijn titel. Win ik hem dan weer, dan zie ik wel, en win ik hem niet, dan kan ik alsnog stoppen.

Naar later zou blijken heeft Rosberg er flink wat voor moeten doen – en laten – om zijn oude vriend Lewis eindelijk in de koningsklasse te verslaan. De twee raceten al sinds hun twaalfde tegen elkaar, en in 2000 en 2001 reden ze als pubers samen in een kartteam dat speciaal voor hen was opgericht. Het team heette MBM, dat stond voor Mercedes-Benz McLaren, en het was een idee van Nico's vader Keke, toen manager van McLaren-coureur Mika Häkkinen. Het werd volledig gerund als fabrieksteam door kartgrootmacht CRG maar was puur gefocust op Lewis en Nico, zonder betrokkenheid van andere CRG-coureurs. De twee waren grote kartvrienden die samen op een kamer sliepen bij trainingen en raceweekends.

Toen de relatie tussen beide heren later in hun carrières wat stroever werd heeft Lewis Hamilton weleens geroepen dat híj een echte straatvechter was die overal voor had moeten knokken terwijl Nico in Monaco met een gouden lepel in zijn mond was opgegroeid en met een helikopter naar school werd gebracht. Hij zei dat ze na hun tijd in het karting gewoon wat uit elkaar waren gegroeid.

In 2019 reflecteerde Nico Rosberg in een interview met de Britse *Daily Mail* op zijn carrière en zijn uiteindelijke overwinning op Lewis Hamilton: 'Mentaal was de Formule 1 heel erg zwaar toen ik begon, dus ik dacht dat er een manier moest zijn om dat voor mezelf te verbeteren, om het makkelijker te maken, om mezelf mentaal beter te laten presteren, meer focus te krijgen en meer *in the zone* te zijn. Ik heb er heel hard aan gewerkt en had een mental trainer gedurende al de jaren dat ik in de Formule 1 zat. Soms was ik om de dag twee uur met hem aan het trainen, heel veel dus, en het heeft me echt enorme verbeteringen gebracht, vooral in 2016. Dat is hoe ik Lewis heb verslagen.'

Hij sprak echter ook lovende woorden over Lewis, die ten tijde van dat interview al vijf titels op zak had. Hij zei over zijn oude vriend en rivaal: 'Ik wist dat hij een ongelooflijk coureur was en ik weet dat het voor iedereen moeilijk zal zijn om hem te verslaan, maar ik had niet verwacht dat hij door zou gaan en de records zou vestigen die hij nu rijdt.' Hij was onder de indruk van de ontwikkeling van Charles Leclerc en Max Verstappen maar geloofde niet dat ze Lewis konden verslaan. Volgens Nico zal Lewis zelf bepalen wanneer hij er genoeg van heeft en afscheid nemen als grootste in de sport.

Nico zelf verliet de Formule 1 als wereldkampioen maar liet met dat vertrek helaas de kans lopen om zijn eigen faam groter te maken dan die al was.

Het verlaten van de baan in Texas

Het was al dik 2017 toen de US Grand Prix gereden werd op het Circuit of the Americas. De hele Formule 1-wereld kende inmiddels de reputatie van Max Verstappen na al die bizarre en mooie inhaalacties en prachtige races. Ook nu reed hij een waanzinnige wedstrijd en dat na een start vanaf de zestiende plek. Na tien ronden reed hij al als zesde rond, om in de laatste fase van de wedstrijd op plek vier achter de Ferrari van Kimi Räikkönen terecht te komen. Kimi had op dat moment niet al te veel brandstof meer en moest echt wat rustiger gaan rijden.

Wat volgde was een bizar mooie inhaalactie van Max waar de hele wereld volledig van uit zijn pan ging. Hij dook in de laatste ronde aan de binnenkant langs Kimi en kwam uiteindelijk als derde over de finish. De stewards hadden daar echter een overtreding in gezien, namelijk 'het verlaten van de baan en het behalen van een blijvend voordeel'. Hij was met vier wielen ruim buiten de witte lijn gegaan bij die manoeuvre en daarvoor kreeg hij vijf seconden straf, wat hem terugwierp naar plek vier.

Toen die beslissing kwam stond Max al met Lewis

Hamilton en Sebastian Vettel in het kamertje waar coureurs voor de podiumceremonie even wat water drinken en met een handdoekje het zweet van hun voorhoofd vegen. Ineens kwam Kimi binnenwandelen met Matteo Bonciani van de FIA, die Max liet weten dat hij toch niet het podium mocht beklimmen.

Het was overigens niet de eerste keer dat Max zoiets gebeurde. Een jaar eerder in Mexico stond hij ook al in dat kamertje zonder uiteindelijk op het podium te mogen staan. Hij had zich verremd toen hij zich verdedigde tijdens een heftig gevecht met Sebastian Vettel. Vervolgens ging hij door het gras maar hij bleef de Duitser zo wél voor. Vettel, die in zijn spiegels Daniel Ricciardo steeds dichterbij zag komen, was zwaar over de rooie en riep over de radio dat Max zijn positie aan hem moest geven. Max deed dat niet en gaf zo tevens zijn teamgenoot de kans om aan te sluiten en Vettel zelfs aan te vallen. Vettel liep te schelden op Max en zelfs op wedstrijdleider Charlie Whiting. Althans daar ga ik van uit, gezien al de woorden die in zijn boordradio werden weggepiept.

Ook Red Bull vroeg Max om zijn derde plek op te geven, maar hij racete gewoon door en kwam als derde over de streep. Na die finish kwam Vettel naast hem rijden om wat minder amicale handgebaren uit te wisselen.

Max kreeg een vijfsecondenstraf voor dezelfde overtreding als in Austin – het verlaten van de baan en daar voordeel van hebben – waardoor Vettel alsnog naar het podium mocht. Het grappige was echter dat Vettel later óók een straf kreeg omdat hij op een gevaarlijke manier had bewogen tijdens het remmen in zijn verdediging tegen Ricciardo, en die straf bedroeg maar liefst tien seconden. Het resultaat was dat Ferrari uren later de beker voor de derde plek naar Red Bull moest brengen, want die was nu voor Daniel Ricciardo. Max en de monteurs gingen met Ricciardo mee naar het podium om er met de Australiër alsnog een klein feestje te bouwen.

De straf in Amerika in 2017 bracht veel teweeg in de Formule 1-wereld en tal van bekende en minder bekende personen lieten van zich horen op social media. De op dat moment tv-kijkende wereldkampioen Nico Rosberg twitterde: 'Verstappen die Räikkönen passeert was geweldig! Hij sneed de bocht af omdat Räikkönen op hem in reed en het leek erop dat Räikkönen een crash zou veroorzaken. #nopenalty' Rosberg vond het dus geen straf waard.

Ook Mario Andretti, de wereldkampioen van 1978, had zitten kijken: 'Na het bekijken van de video's zou je ook kunnen zeggen dat Kimi hem daarheen dwong. Beste inhaalrace van de #USGP. Het spijt me voor Max Verstappen, je bent bestolen.' Voormalig F1-coureur Alexander Wurz, die als voorzitter van de GPDA* echt wel op zijn woorden let als hij iets over een FIA-besluit roept, was ook heel kritisch. Hij schreef: 'Niet eerlijk! Dit was geen misbruik van de *track limit* door Max Verstappen, dit was gewoon een *mega move* – niets anders! #grrr'

Het duidelijkst in zijn bewoordingen was vader Jos Verstappen: 'F1 weet blijkbaar niet wat racen is. Ga je schamen, FIA. *This is bullshit. Sorry. This sucks.*'

Er waren ook mensen die het anders zagen, zoals ex-F1-coureur Johnny Herbert. Hij merkte op dat vrijwel alle rijders weleens buiten de track limits gingen en dat

---

* Grand Prix Drivers' Association, de belangenvereniging van Formule 1-coureurs.

racen zo geen kunst was. Ook wees hij erop dat de rijders precies werd verteld wat wel en niet mocht. De straf vond hij dus terecht.

Max zelf had na zijn straf geen goed woord over voor de stewards en noemde hun beslissing belachelijk voor de sport. Op de vraag van collega Plooij of ze niet eens een cursusvideo voor die stewards moesten bedenken zei hij: 'Nou, die moeten gewoon thuis op de bank gaan kijken. Dát moeten ze doen.'

Het was allemaal niet makkelijk voor de stewards. Voormalig Formule 1-rijder Mika Salo was een van hen, en kreeg van sommigen in de buitenwereld te horen dat hij als landgenoot van Räikkönen nooit objectief kon zijn. Salo plaatste de volgende dag op Instagram een video van de inhaalactie en schreef daarbij: 'Soms moet er een moeilijke beslissing worden genomen. Vandaag had Verstappen een voordeel doordat hij minstens een halve meter naast de baan reed en zo Kimi Räikkönen wist in te halen. De regels zijn helder en Verstappen kreeg een tijdstraf van vijf seconden.'

Ook collega-steward Gary Connelly sprak zich publiekelijk uit over de zaak, iets wat stewards overigens zelden doen. Dat gebeurde in februari 2021 op het seminar van de stewards, dat dit keer niet in Genève plaatsvond maar online. Hij noemde de inhaalactie van Max Verstappen briljant en waanzinnig maar zei dat ze snel hadden gezien dat Max gewoon te ver buiten de lijntjes had gekleurd. Het moeilijkste aan de beslissing om hem te straffen was de consequentie: ze moesten hem op het allerlaatste moment van het podium halen. Connelly noemde het een van de moeilijkste en zwaarste beslissingen in zijn loopbaan als racesteward.

Hij zei er ook over: 'Als het op een moeilijke beslissing aankomt, ja, dan heb je medelijden met de persoon die je misschien moet bestraffen. Maar je moet ook denken aan de andere deelnemers die beïnvloed worden door de move, of door de actie van de deelnemer die je onderzoekt.' Connelly maakte duidelijk dat hij geen spijt had van de beslissing die hij die dag nam, en hij was er vrij zeker van dat zelfs Max het – achteraf gezien – eens zou zijn geweest met hun besluit.

Afscheid van Paddy Lowe

Het Formule 1-seizoen van 2018 was voor Williams een dramatisch dieptepunt. Het team werd laatste in het kampioenschap en was kansloos op alle fronten. 2019 begon niet veel beter, want de auto was te laat gereed. Er was een *shakedown** gepland voor half februari, nog voordat de Formule 1-wintertests in Barcelona zouden beginnen, maar die haalden ze niet.

De eerste dag op het Circuit de Barcelona-Catalunya was de pitbox helemaal leeg, de tweede dag ook en pas daarna kwam er 's nachts om vier uur een auto, maar die kon nog niet rijden. Er waren duidelijk grote problemen en later bleek dat de vloer van de auto verkeerd gemaakt was, en zonder vloer kun je gewoon niet rijden. De Williams-rijders Robert Kubica, George Russell en ook Nicholas Latifi strompelden met hun handen in hun zakken door het paddock; er was gewoon geen rijklare auto.

De man die daarvoor verantwoordelijk was, was technisch directeur Paddy Lowe. Hij was in 2017 overgekomen van het team van Mercedes, waar hij als *execu-*

* Een shakedown is de eerste test van een nieuw geproduceerde auto.

tive director een van de architecten was van de wereldtitels van 2014, 2015 en 2016. Lowe was in Barcelona eerst nog wel op het circuit maar besloot later om weg te gaan. Na de tests, op 5 maart, werd bekend dat hij met *gardening leave* ging, zoals de Engelsen dat zo mooi zeggen. Je salaris wordt gewoon doorbetaald maar je wordt vriendelijk verzocht om tijdelijk niet op je werk te verschijnen. Er werd gemeld dat dit 'om persoonlijke redenen' was, maar je wist dat de relatie tussen Lowe en Williams eigenlijk al voor de eerste wedstrijd van het seizoen ten einde was gekomen.

Williams stond er niet best voor, want de laatste overwinning was die van Pastor Maldonado in 2012. Na de introductie van de hybridemotoren in 2014 kreeg het team, dat in de tachtiger en negentiger jaren negen constructeurstitels won, weer een beetje kleur op de wangen. Er waren twee jaren waarin het derde werd in het kampioenschap, maar uiteindelijk is het steeds verder teruggezakt. Het ging via twee vijfde plaatsen naar de láátste plaats in 2018. Ook verloor Williams na 2016 Valtteri Bottas als coureur, die de overstap maakte naar Mercedes om daar Lewis Hamilton te vergezellen.

Er kwam begin 2017 weer een beetje geld richting Williams toen Lawrence Stroll de portemonnee trok om er zijn zoon Lance onder te brengen. Er waren zo weer wat middelen en met de komst van Paddy Lowe keek men optimistisch vooruit. Er werden daarna ook nog andere ervaren mannen aangetrokken, zoals hoofd aerodynamica Dirk de Beer, die van Ferrari overkwam, en hoofdontwerper Doug McKiernan, die bij McLaren had gewerkt. Maar ondanks deze investeringen gleed het team steeds verder af.

Paddy Lowe is ook wel een beetje een vreemde eend

in de bijt. Als je met hem babbelt, dan lijkt hij soms een wat zweverige man. Hij is een Brit, geboren in Nairobi in – toen nog – Brits-Kenia. Het grappige is dat hij een tijdje in Nederland heeft gezeten, waarvan een korte periode in Delft. Hij vertelde mij ooit dat hij om wat bij te verdienen toen dakdekker geweest is.

Lowe studeerde af als ingenieur aan de universiteit van Cambridge en begon in 1987 zijn eerste stint bij Williams, waar hij medeverantwoordelijk was voor de elektronica van de auto. Dat was ook de periode dat hij samen met collega Frank Dernie de revolutionaire actieve vering ontwikkelde, waarmee ze met Nigel Mansell in 1992 wereldkampioen werden.

In 1993 ging Lowe naar McLaren, waar hij begon als hoofd *research and development* en in 2001 opschoof naar de plek van *chief engineer systems development*. In feite werd daarmee zijn focus verplaatst van het meer analytische werk naar de racekant van het team. In 2005 werd hij baas van alle ontwikkeling bij McLaren, om in 2011 zijn laatste rol bij dat team op zich te nemen als technisch directeur tot en met 2013. In de twintig jaar dat Lowe bij McLaren zat haalde het team regelmatig de top van de Formule 1 en werd het bij de constructeurs één keer kampioen, acht keer tweede en vijf keer derde.

Na drie kampioensjaren bij Mercedes keerde Lowe in 2017 terug bij Williams. Hij werd er niet alleen technisch directeur maar ook aandeelhouder. Uiteindelijk zou dit verblijf bij Williams een zeperd blijken. Aan de eerste auto die hij in 2017 onder zijn hoede kreeg kon hij niet zoveel doen, maar die van 2018 en 2019 waren ook niet tof. Het bleek dat hij in 2019 iets verzonnen had met rubbers aan de bovenzijde van de voorwielophanging, wat nog voordat de auto ging rijden illegaal werd verklaard door de FIA. Misschien was het allemaal wel een beetje hoogmoed. Lowe had nog nooit op deze manier de scepter gezwaaid en dacht blijkbaar dat hij een team als Williams zomaar even terug naar de top kon brengen. Zo hard als het is: dat is compleet mislukt. Nadat hij op 25 juni 2019 definitief vertrok was het een tijdje stil rond hem, maar in februari 2021 verscheen het bericht dat hij een nieuw bedrijf is gestart, genaamd Zero Petroleum. Het focust op de ontwikkeling en productie van brandstoffen die bij verbranding in traditionele verbrandingsmotoren geen enkele CO2-uitstoot opleveren. In verschillende raceklasses wordt momenteel gekeken of men meer elektrisch moet gaan rijden, maar technologieën als deze maken het mogelijk dat er ook met bestaande motoren kan worden doorgeracet.

Het is te hopen voor Lowe dat hij succesvol wordt als leverancier, want met het Williams-drama op zijn naam zullen andere teams hem niet zo snel meer benaderen voor een rol in de sport zelf. Mike Gascoyne, ook een afgestudeerde van Cambridge, heeft iets vergelijkbaars gedaan na een lange loopbaan als technisch man bij onder meer Jordan, Benetton-Renault, Spyker, Toyota en uiteindelijk Lotus. Toen dat laatste team in 2014 – inmiddels heette het Caterham – ophield te bestaan, begon Gascoyne een bedrijf dat onderdelen maakte voor teams in de Formule 1 en ook voor klanten daarbuiten. Hij is daar inmiddels zeer succesvol mee.

Strategische spelletjes

Tijdens de Grand Prix van Australië aan het begin van het 2019-seizoen werd een belangrijke nieuwe regel geïntroduceerd. Er werd in elke wedstrijd een extra punt voor het wereldkampioenschap gegeven aan degene die de snelste raceronde neerzette, mits die coureur in de top tien finishte. Het grappige was dat dit in de eerste wedstrijden tot een soort wedstrijd binnen de wedstrijd leidde. Zo kon het gebeuren dat je tegen het einde diverse coureurs over de boordradio hoorde vragen wat de snelste rondetijd was en of ze die konden verbreken door er even een toprondje uit te blazen. Valtteri Bottas riep op een gegeven moment: 'Ik wil zesentwintig punten voor deze wedstrijd!', want ja, een Grand Prix-overwinning kon in plaats van vijfentwintig nu zesentwintig punten waard zijn. Ook Lewis Hamilton en Max Verstappen aasden op het extra punt.

Als je het bonuspunt elke wedstrijd binnenhaalde, had je met het aantal races in 2019 eenentwintig punten extra en dat was weer bijna zoveel als een overwinning. Het leek dus logisch dat de teams er alles aan zouden doen om het te pakken. Gaandeweg werd echter duidelijk dat het best lastig was om de snelste ronde te rijden en dat de man die vooropreed niet zomaar de extra winst kon grijpen. Helemaal niet na het afschaffen van het switchen met de motorstanden, dat je in staat stelde om even de motor op te schroeven en één rondje in een zogenaamde party mode te rijden. Het neerzetten van de snelste rondetijd moest echt gebeuren op het moment dat je ruimte genoeg had om een extra pitstop te maken zonder je positie in de wedstrijd op te geven.

Je moet je voorstellen: Hamilton rijdt voorop, zes seconden daarachter rijdt Valtteri Bottas, tien seconden daarachter zit Max Verstappen, en vijfentwintig seconden daar weer achter de nummer vier. Dan is het voor Verstappen en Red Bull relatief makkelijk om ervoor te kiezen die extra pitstop te maken, een setje gebruikte zachte banden te monteren en daarop te proberen die snelste raceronde neer te zetten. Verstappen verliest geen positie zolang de pitstop binnen de vijfentwintig seconden is afgerond. Lewis en Valtteri kunnen dat initiatief echter niet nemen. Zij zullen als ze ook een pitstop maken immers achter Verstappen terugvallen, die zijn poging om de snelste ronde te rijden kan opgeven omdat hij veel meer punten pakt als hij gewoon de race wint.

Het werd uiteindelijk een kwestie van rekenen en risico's afwegen. Een extra pitstop maken is voor teams altijd spannend. De auto moet weer worden stilgezet, het hele spul wordt warmer en de koppeling moet tegen het einde van de wedstrijd nog een keer extra haar best doen bij het wegrijden. Uiteindelijk lieten de teams dat extra punt soms liever lopen. Het werd meer een kwestie van het benutten van een kans dan een bewuste strategie. In de wedstrijden ging het een beetje zoals wanneer een team beslist tot het doen van een *undercut* of *overcut*. Een overcut is als de man vooraan door blijft rijden tot iedereen achter hem een pitstop gemaakt heeft. Die pitstops kosten, afhankelijk van het circuit, bijvoorbeeld tweeëntwintig seconden. Als je vier seconden voorsprong hebt, en iedereen heeft al zijn banden gewisseld, dan heb je dus zesentwintig seconden de tijd om veilig je eigen pitstop te maken.

Bij een undercut wil je iemand dwingen, meestal degene op de tweede plaats, om met je mee te gaan en eerder een pitstop te maken dan hij eigenlijk van plan was. Als derde auto ga je tijdens de ronde voor je pitstop, op banden die dan nog redelijk oké zijn, er even maximaal voor met alle kracht van je hybridesystemen. Daar win je wellicht twee of drie seconden mee. Dan ga je naar binnen en op nieuwe banden weer naar buiten, waarna je de eerste twee ronden ook weer maximaal gaat. Als die ander, de nummer twee, dan drie of vier rondjes wacht met zíjn pitstop, rijdt hij op zijn steeds ouder wordende banden niet de rondetijden die jij in die ronden hebt gereden. Zes van de tien keer komt hij áchter jou terecht. Wanneer iemand een undercut probeert vanaf de derde plaats, zie je meestal dat degene die tweede ligt meteen de ronde daarna ook zijn stop maakt, als verdediging dus.

Slim gebruikmaken van pitstops en kiezen of je voor dat extra puntje gaat – het zijn twee van de tactische spelletjes in de wereld van de Formule 1. Zesentwintig punten in een Grand Prix is natuurlijk lekkerder dan vijfentwintig, helemaal als in je contract staat dat je – ik noem maar wat – vijfenzeventigduizend euro per punt krijgt. In zo'n geval is zo'n poging best wat waard.

De Grote Prijs van Nederland*

'Hé Ollie, wat denk je? Gaat die Grand Prix op Zandvoort nou door of niet?' Zo benaderde Max Verstappens manager Raymond Vermeulen mij toen ik in Bakoe een bakje koffie zat te drinken aan een tafeltje buiten bij Red Bull.

'Ik zie het niet gebeuren als ik kijk naar de staat van het circuit,' zei ik, 'en als ik dat vergelijk met de circuits waar we nu zijn. Dat verschil is zo waanzinnig groot, dan moet er écht wel wat veranderen.'

Raymond zei toen: 'Nou, ga er maar van uit dat die wél doorgaat. Ik weet bijna zeker dat het gebeurt. Ga maar eens rondvragen.'

Zo'n trigger krijg je niet vaak. Ik neem zoiets dan ook heel serieus, zeker als die van iemand komt die vanuit het Red Bull-team ook het een en ander hoort. Ik dook het paddock in en ging op zoek naar Sean Bratches, de commercieel directeur van de Formule 1, daar neergezet door de nieuwe eigenaar, Liberty Media. Hij was een aardige en rustige Amerikaan met een ietwat aristocratisch hoofd, maar ook wel een aparte gast.

---

* Een eerdere versie van dit hoofdstuk verscheen in *F1 2019. Spektakel en intriges*.

Toen hij er nog niet zo heel lang zat benaderde ik hem in Bahrein. Ik vertelde dat de tijdwaarneming op de nieuwe F1 TV Pro-app van de Formule 1 twintig seconden voorliep op het beeld dat de mensen in Nederland thuis zagen. Ik had dat gecheckt, ook met Engelse en Duitse collega's, bij wie het respectievelijk twaalf en veertien seconden was. Ik zei tegen hem dat het natuurlijk waanzin was dat iemand thuis die app kon openen en dan twintig seconden voordat wij het lieten zien al wist wie er poleposition had. Meneer Bratches had daar wel een oplossing voor: 'Nou, da's makkelijk. Dan moeten we even het videosignaal upspeeden.' Ik dacht toen bij mezelf: oké, dit is een bewijs dat de nieuwelingen van Liberty Media nog niet zo heel veel van racen en tv weten. Iets wat live geschoten wordt kun je niet twintig seconden eerder de wereld in sturen dan het gebeurt. Je kunt wel audio en data vertragen met technische trucjes, en dat was uiteindelijk de oplossing die werd gekozen.

In het paddock in Bakoe had ik Bratches vrij snel gespot. Hij stond een tijdje te babbelen met Bernie Ecclestone, wat mij de kans gaf om te bedenken hoe ik hem ging benaderen. Ik kon hem natuurlijk een heel directe vraag stellen, maar hij wist dat ik pers was, dus daar ging hij nooit zomaar direct op antwoorden. Ik besloot om er een kwinkslag aan te geven. Toen hij en Bernie hun gesprek hadden beëindigd zei ik tegen hem: 'Sean, mag ik je wat vragen?'

'Jazeker,' zei hij.

'Wordt het niet eens tijd dat jij en ik een harinkje gaan prikken op het strand in Zandvoort?'

Sean antwoordde: 'Dát lijkt mij een goed idee.'

Op zaterdag 11 mei 2019 stapte ik samen met Jack en cameraman Wouter Kooistra de hospitality-unit van de FOM uit. We keken elkaar aan en dachten: oké, we weten nu iets wat bijna niemand op het paddock officieel weet. We hadden namelijk net Chase Carey, de CEO van de FOM, onder embargo geïnterviewd over de terugkeer van de Formule 1 op Zandvoort. Het was zo'n moment als vroeger, wanneer je seks had gehad en dacht dat iedereen het op je voorhoofd kon zien staan. Maar we konden niks zeggen, want we moesten dat embargo respecteren.

Het begon allemaal op de donderdag dat we aankwamen bij de Grand Prix van Spanje. Vrijwel direct kregen we een belletje van Luca Colajanni van de FOM of we even konden praten. In eerste instantie met de mededeling: 'We gaan aanstaande dinsdag 14 mei een evenement doen in Zandvoort en willen graag dat jullie dat presenteren.' Ze wilden dat evenement livestreamen via Ziggo Sport en hadden nog wat praktische vragen. Wij vroegen een beetje door en uiteindelijk kregen we onder embargo te horen waar het om ging. Ik vind dat je zo'n embargo te allen tijde moet respecteren, want daardoor weet je dingen soms eerder dan anderen. Die informatie kun je op het moment dat het nieuws bekend mag worden meteen en zelfs live wereldkundig maken. Dat we dat voorrecht kregen had te maken met een gesprek dat ik in januari had gevoerd bij de jaarlijkse Formula One Broadcasting Meeting in Genève. Ik zei daar tegen Ian Holmes, directeur mediarechten van de FOM, dat er geruchten gingen dat er wat ging gebeuren in Zandvoort en dat het me leek dat Ziggo als houder van de uitzendrechten niet hoefde af te wachten. Ik vond dat wij betrokken moesten worden bij de ontwikkelingen, desnoods onder embargo. En zo geschiedde.

In de pers werd bekendgemaakt dat er op dinsdag 14 mei een persconferentie op Zandvoort zou zijn. Op maandagavond zat ik na de Spaanse Grand Prix bij Jack van Gelder aan tafel bij het Ziggo-programma *Peptalk*. Daar zei iedereen natuurlijk: 'Morgen is die persconferentie en dan gaan ze bekendmaken dat de Formule 1 terugkomt.' Maar ik moest blijven roepen dat het nog alle kanten op kon, en dat het ook kon zijn dat ze een persconferentie gaven om te zeggen dat ze het níét gingen doen. Het is immers echt de regel dat je het embargo niet breekt. Dat was lastig, maar gelukkig was Jack van Gelder journalist genoeg om dat uiteindelijk wel te begrijpen.

De FOM kwam in Spanje met een aantal vragen, waaronder hoe onze relatie met de mensen van Zandvoort was. Jack en ik keken elkaar even vragend aan en toen kwam de aap uit de mouw. Het bleek dat men in Zandvoort eigenlijk niet wilde dat wíj die persconferentie gingen doen, terwijl de FOM dat juist wel wilde omdat we met Ziggo de gezichten van de Formule 1 waren in Nederland. Talpa, een van de partners van Zandvoort bij het contract met de FOM, had zo zijn eigen ideeën over de media-aanpak, waardoor Hélène Hendriks van Talpa uiteindelijk de presentatie deed. En laat ik daar voor de goede orde bij zeggen: zij heeft die taak met verve volbracht.

Chase Carey was de avond ervoor al naar Zandvoort gekomen en was met prins Bernhard uit eten geweest. Hij vroeg toen aan Bernhard: 'De zee, hoe ver is de zee hier eigenlijk vandaan?' terwijl die hemelsbreed een paar honderd meter verderop was. En hij wist wel meer dingen niet. In ons interview, waarin hij nog geen datum kon geven, zei hij: 'Ja, we zijn heel trots om bekend te maken dat de Formule 1 zal terugkeren naar Nederland, volgend jaar met de race in Zandervoort.' Mijn vervolgvraag begon ik met de opmerking '*Zandvoort it is…*' maar hij noemde het nog een keer 'Zandervoort'. Goed, dat is gewoon hoe zijn wereld in elkaar steekt. Carey is een zakenman die wereldwijd contracten doet maar gewoon nog nooit in Zandvoort was geweest en het verder niet kende.

Er is een hele lobby geweest om de Grand Prix naar Nederland te krijgen, waarin ook Assen lange tijd actief is geweest. Het was natuurlijk vrij bijzonder dat in een klein landje als Nederland ineens twee circuits de strijd met elkaar aangingen toen er gesproken werd over een Grand Prix. Op de Hockenheimring bij de Duitse Grand Prix was er een delegatie uit Assen, waarvan ik niemand gezien of gesproken heb. Wat ik hoorde was dat ze urenlang hebben moeten wachten om uiteindelijk ergens een uurtje over de Grand Prix te spreken. Het bijzondere was dat er gelijk via de pers berichten uit Assen kwamen dat het gesprek met de FOM 'heel positief' was geweest. Het was echter al langer duidelijk dat de FOM helemaal niet naar Assen wilde. Bij de Grand Prix van Singapore in september 2018 werd ik aangesproken door iemand van de organisatie, die mij vroeg: 'Hoe zit dat eigenlijk tussen Zandvoort en Assen?' Hij liet al snel vallen dat ze helemaal niet naar Assen wilden. Ze beschouwden Assen primair als een motorcircuit, er waren niet al te veel grote hotels in de buurt en Schiphol, waar de grote vrachtvliegtuigen moeten landen, was eigenlijk te ver weg. Bovendien wilden ze 'terug naar een stukje historie van de sport'. Daarom was Zandvoort in de beleving van de FOM een passender keuze.

Wat ze bij de FOM ook zagen was dat er vijfentwintigduizend Nederlanders richting de Grand Prix van Oostenrijk trokken, nog eens tienduizend naar de Grand Prix van Hongarije en ook weer minstens veertigduizend naar de Grand Prix op Spa. Toen dachten ze: die Hollanders zijn blijkbaar enthousiast genoeg om zo ver te reizen en op alle andere circuits zijn er ook altijd plukjes oranje geklede fans op de tribune te zien. Dus waarom organiseren we daar dan geen Grand Prix?

De FOM bleek van plan om van de Grand Prix van Nederland een festival te maken. En dan niet alleen óp het circuit, zoals nu al gebeurt. De Vrienden van Amstel LIVE! en The Flying Dutch organiseren namelijk weleens festivals voor Formule 1-fans waarbij ook dj's uit Nederland optreden. Wat de FOM in Zandvoort wil is dat er vanaf de woensdag voor de race concerten en andere evenementen zijn buiten de poorten van het circuit en op het strand. Daar is Zandvoort natuurlijk een prima plek voor. Ook kun je met het uitsmeren van de activiteiten over de dag de pieken in verkeerstromen sterk verlagen.

Ik moet zeggen dat Jan Lammers op die presentatie in Zandvoort een heldenrol vervulde. Hij was ongelooflijk goed op de hoogte. Alle vragen van journalisten, soms kritisch, soms scherp, wist hij prima te beantwoorden of te pareren. En dat voor Jans doen in opvallend korte bewoordingen.

Er was die dag eigenlijk maar één man die ik miste en dat was Hans Ernst. Deze oud-circuitdirecteur was jarenlang bezig geweest om de Grand Prix terug te halen naar Nederland. Zijn vrouw en dochter waren er wel, maar Hans was te ziek om erbij te zijn. Dat was heel jammer, en niet lang daarna is hij helaas overleden.

Er waren in het najaar van 2019 nog wel wat vraagtekens bij de FOM over de Grand Prix van Nederland. Bij de Grand Prix van Engeland vertelde iemand me ongevraagd dat ze zich wel een beetje zorgen maakten over Zandvoort. Er moest daar natuurlijk nogal wat gaan gebeuren en vooral flink worden verbouwd. Het circuit had van de FOM een boekwerk gekregen met allerlei eisen waaraan het moest voldoen, tot en met het aantal zitplaatsen in het mediacentrum, het aantal stopcontacten, het aantal toiletten, de garantie op een bepaald aantal kilowatturen aan stroom en de minimale hoeveelheid vierkante meters voor de teams en de hospitality.

In Zandvoort dacht men het voor acht miljoen euro te kunnen doen, maar op Silverstone hoorde ik van mensen binnen de FOM dat acht miljoen niet genoeg zou zijn, en waarschijnlijk het dubbele ook niet. In het *Formule 1 Café* op Ziggo riep ik daarna: 'Wat er ook gebeurt, de Grand Prix in Zandvoort zal op de kalender van 2020 komen met een sterretje erachter, "onder voorbehoud", want de baan moet aangepast en gekeurd worden.' Zandvoort liet vervolgens in de krant noteren dat dit stemmingmakerij was, dat er geen probleem was en dat zijzelf zich geen zorgen maakten. Toen ik de organisatoren later bij de Grand Prix in Hockenheim tegenkwam zei ik ze dat dát juist het probleem was: zij maakten zich geen zorgen maar de mensen van de FOM wel.

Eerlijk is eerlijk: prins Bernhard en de organisatie onder leiding van circuitdirecteur Robert van Overdijk hebben uiteindelijk een huzarenstuk afgeleverd. Er ligt een spectaculaire baan en de faciliteiten voor toeschouwers en media zijn weer bijdetijds. De race van 2020 kon helaas niet doorgaan, maar alles is klaar om er een prachtig festijn van te maken.

Voor mij wordt het sowieso een bijzondere dag omdat ik in 1985 circuitspeaker was tijdens de allerlaatste Grand Prix op Zandvoort. Maar het allerbeste nieuws dat de terugkeer van de Grand Prix met zich meebrengt is vrij simpel: er komt een nieuwe generatie jongeren die kunnen zeggen dat ze met hun vader hand in hand het circuit van Zandvoort op liepen om te kijken naar Max Verstappen en andere Formule 1-sterren.

Rechten voor Grand Prix Radio

Het verhaal van Grand Prix Radio is begonnen in de zomer van 2011. Ik was bij Bavaria City Racing in Rotterdam om wat aan de tv-kant van het evenement te doen en zat op een stoeprand een beetje te babbelen met Alexander Stevens, voormalig radio-dj bij Veronica. We bleken de liefde voor muziek en autosport te delen, en op een gegeven moment stelde Alexander voor om een online radiostation te beginnen, een nichezender voor de autosportliefhebber die ook van lekkere muziek houdt. Dat idee sprak mij wel aan en zo ontstond Grand Prix Radio. We bedachten een format met *danceable hits & classics* en tussendoor updates uit de autosport door Nederlandse coureurs en mijzelf. Alles kon online vanuit ieders eigen thuisstudio. Op 1 januari 2012 gingen we van start.

Ik besloot in de weken daarvoor, toen we nog niet eens zeker wisten of we 1 januari gingen halen, RTL te benaderen. Dat had toen nog de televisierechten voor de Formule 1 in Nederland en ik was benieuwd of we eens konden praten over een samenwerking. Ik kreeg geen antwoord op mijn e-mails en voicemails, maar toen we begonnen op 1 januari kwam er snel een reactie: 'Waar zijn jullie nou mee bezig?' 'Ja, dat hebben we je geprobeerd uit te leggen,' was ons antwoord. We werden weggezet als cowboys en een constructief gesprek kwam er niet van.

Grand Prix Radio groeide en groeide. We begonnen na verloop van tijd het audiosignaal van mijn commentaar tijdens de Grands Prix live op de radio uit te zenden. Dat deden we opdat mensen die niet de mogelijkheid hadden om voor de televisie te zitten toch wat meekregen van zo'n wedstrijd. Denk aan mensen die aan het reizen waren of die op het werk de radio hadden aanstaan. We kregen best veel positieve reacties, maar eigenlijk was het inderdaad wel een beetje cowboyen. In wezen haalden we het signaal van de televisie en zetten we dat door naar de radio.

Nou is de FOM altijd erg oplettend. Het heeft in elk land een juridisch bedrijf dat kijkt of de Formule 1 daar netjes behandeld wordt. Het gaat zo ver dat er mensen zijn die elke uitzending van de rechthebbende bekijken om na te gaan of het allemaal klopt met het contract. Ziggo is al jarenlang de rechthebbende in Nederland en krijgt regelmatig aanwijzingen van de FOM. Dan zeggen ze netjes: let even daarop. Of ze wijzen op iets wat misschien net niet binnen de afspraken valt. Soms kunnen dat best serieuze kwesties zijn, maar uiteindelijk komt het altijd goed en is de samenwerking prima.

Medio 2019 verscheen in mijn inbox ineens een mailtje van de FOM. Ze hadden gezien dat wij op de website van Grand Prix Radio een promootje hadden staan voor een raceverslag. Op zaterdag kon je luisteren naar het livecommentaar bij de kwalificatie en op zondag naar dat bij de race. Ik schrok nogal van dat mailtje, want het was best heftige taal. Ze vroegen hoelang wij ons commentaar al uitzonden en of we even een voorstel konden doen wat we daarvoor wilden betalen. Wat wij deden gebeurde een beetje in een grijs gebied en het was jaren prima gegaan. Maar ik begreep natuurlijk heel goed dat de FOM zijn eigen rechten wilde bewaken. Het leek me dat we de zaken inderdaad maar eens moesten formaliseren.

In Nederland is er nog nooit iemand geweest die voor de radiorechten van de Formule 1 heeft betaald. De NOS veinst er live bij te zijn, wat zeker niet altijd het geval is. Er zit iemand in de studio, daar schuiven ze wat Formule 1-geluid onder en vervolgens doen ze in *Langs de Lijn* alsof ze live naar Louis Dekker schakelen, die gewoon in Hilversum zit. Andere keren is hij wel op het circuit maar spreekt hij in plaats van live verslag te doen zijn commentaar op zijn telefoon in. Dat wordt later in de uitzending afgespeeld, alsof ze naar hem toe schakelen. De NOS heeft daar geen officiële deal met de FOM over, er is feitelijk alleen een accreditatie voor de website. Louis Dekker mag daarvoor over de Formule 1 schrijven, dus in theorie loopt hij gewoon door het mediacentrum en het paddock om nieuwtjes voor zijn verhalen op te pikken.

In de wetenschap dat er een Grand Prix van Nederland aan zat te komen vond ik dat wij eens moesten kijken of wij de radiorechten niet konden binnenhalen. Nou is het eenvoudig om uit te zoeken hoe zoiets werkt, maar uiteraard komen er ook centen bij kijken. Ik heb geen slecht leven, maar het is ook weer niet zo dat ik zwem in het geld en kan roepen: we gaan een x-bedrag aan rechten uitgeven.

Ik zocht bij de FOM contact met Ian Holmes, de baas

van de mediarechten, me realiserend dat het bedrag waarmee ik aan zou komen voor hem zakgeld was. Hij deed zaken met grote bedrijven als Sky en zenders over de hele wereld, waarbij bedragen werden betaald die in de tientallen miljoenen liepen. We spraken af om bij de Grand Prix van Amerika in gesprek te gaan. Op zondagochtend schoven we voor de wedstrijd aan tafel en ben ik met mijn billen bloot gegaan door te zeggen: 'Luister, ik heb even zitten kijken. Dit is wat we kunnen bieden en ik snap natuurlijk dat dat niet heel reëel is in jouw rechtenwereld. Maar we moeten wel ergens beginnen, want ik wil de zaken graag formaliseren.' Hij bleek dat een prima idee te vinden en de vermanende toon zoals in het eerdergenoemde mailtje was daarmee ook verdwenen.

Het werd zelfs nog beter, omdat we er uiteindelijk op uitkwamen dat we een samenwerking zouden aangaan. Wij verkregen voor een bepaald bedrag de radiorechten voor 2020, 2021 en 2023, maar tegelijk werden we een marketingtool voor de Formule 1, voor de promotie van de Nederlandse Grand Prix en voor de F1 TV Pro-app. Die app is sinds anderhalf jaar beschikbaar in Nederland en is voor de Formule 1 heel belangrijk.

Uiteraard moest ik zeker weten dat we het bedrag in kwestie ook konden betalen. We waren op dat moment in gesprek met iemand die wilde investeren in Grand Prix Radio en die persoon heb ik twee minuten voordat ik met Ian Holmes ging praten even gebeld. Ik zei: 'Ik ga nu met hem aan tafel zitten en ik moet wel kunnen garanderen dat als ik ons aanbod doe, het geld er ook is.' Gelukkig kon ik met die garantie in mijn achterzak het gesprek in.

Het was voor mijzelf allemaal veel groter en belangrijker dan voor de FOM en het duurde nog anderhalve maand voordat we de papieren kregen. Die waren allemaal in het Engels met zwaar juridische taal, dus daar moesten we ook weer iemand met verstand van zaken doorheen laten ploegen. We verkregen in het contract bepaalde rechten maar daar stonden ook heel veel verplichtingen tegenover en bij de Formule 1 gaat dat tot diep in de details.

Sinds 2020 hebben we dus de officiële radiorechten voor Nederland. Voor ons was het heel belangrijk dat we daarmee ook een plaats kregen in het zogenaamde vierkantje in het paddock waar je de rijders kunt interviewen. Er zijn daar al meerdere radiostations, zoals Radio Monte Carlo, de BBC en een Duits station. Die worden vaak gekoppeld aan het tv-station van hun land, zodat in ons geval de microfoon van Grand Prix Radio in beeld zou komen op de tv in Nederland. Zulke zichtbaarheid is belangrijk voor ons en is ook gewoon deel van de afspraak. Door alles wat er met corona gebeurde werd het vierkantje in 2020 op een andere manier opgetuigd en mochten er totaal geen radiostations ter plekke zijn. We moesten dus even een pas op de plaats maken, maar we hopen er te staan zodra het weer kan en mag.

Ook over wíé daar namens Grand Prix Radio zal staan hebben we ideeën. We hebben al met een aantal Nederlandse coureurs goede afspraken over de updates die zij maken als zij in een raceweekend rijden. We zouden ervoor kunnen kiezen om een aantal van hen, bijvoorbeeld coureurs als Jeroen Bleekemolen of Jeroen Mul, als verslaggevers in te zetten, als zij uiteraard zelf niet elders racen dat weekend. Dat is nog wel toekomstmuziek, want er zitten uiteraard reis- en verblijfkosten aan vast. In Europa is dat nog wel te behappen, maar als je straks een *triple header** krijgt met Japan, Singapore en Rusland, is het weer een heel ander verhaal.

We denken al met al dat we een goede niche hebben. Digitale radio gaat enorm groeien, dat weten we inmiddels. Ik ga ervan uit dat de echte FM-zenders, zoals we die nu kennen in Nederland, binnen een jaar of vijf, zes wel verdwenen zijn. Alles zal dan online of via DAB+ gaan. De overheid heeft die FM-frequenties weer nodig om andere dingen te doen. Het wordt steeds makkelijker voor radiostations om te digitaliseren en daarmee kunnen ze zich ook op andere platformen makkelijker presenteren.

De groei van Grand Prix Radio zit in het uitbouwen van wat we inmiddels hebben: het radiostation zelf, de site met racenieuws én de podcast die we maken, *F1 aan Tafel*. Het is nu aan ons om de volgende professionele stappen te zetten, maar 'even' een mediabedrijf opbouwen is niet eenvoudig. Een stapje dat we bijvoorbeeld al gezet hebben is het uitbesteden van onze reclameverkoop aan een tak van Talpa. Dat gaat voor ons nu helemaal automatisch.

We zijn geen radiostation met een vaste studio ergens in een gebouw. Ieder doet zijn ding op zijn eigen computer, vanaf zijn eigen plek. De dj's hebben thuis zelf professionele audiospullen en de coureurs die updates geven spreken deze in op hun telefoon op het circuit. Een volgende stap is dat we in de weekenden van de Formule 1 een studio optuigen voor live-uitzendingen.

Een verplichting uit ons contract met de FOM is dat we tijdens het uitzenden van ons racecommentaar de

---

* Drie opeenvolgende weekenden met een Grand Prix.

toegang tot onze site en luister-app beperken tot Nederland. Geoblocking heet dat. Het zorgt ervoor dat iemand in het buitenland een melding krijgt: je bevindt je buiten Nederland, helaas kun je nu niet luisteren. We komen deze papieren verplichting uiteraard netjes na, maar je weet ook dat iedereen die buiten Nederland mee wil luisteren dat toch wel doet door er een VPN tussen te hangen. Een andere reden voor zo'n geoblock is dat het voor mensen in het buitenland moeilijker wordt om hetzelfde te gaan doen met ons radiosignaal.

De keuze om rechten te verwerven is denk ik een belangrijke in het huidige medialandschap. Rechten brengen plichten met zich mee, maar rechten worden ook bewaakt. Als er straks een Grand Prix van Nederland is en je wilt een accreditatie om voor Radio Oudegat vanuit het paddock te brullen hoe het allemaal zit, dan gaat dat niet zomaar. Ik heb in het verleden heftige discussies over rechten gehad met fotograaf Frits van Eldik. Ik vond dat hij de fotorechten voor Nederland moest kopen. Dan konden de FIA en de FOM zeggen dat alle Nederlandse kranten en media hun foto's uit de bak van dé rechtenhouder moesten halen, fotograaf Frits van Eldik. Het zou hem echter ook beperkingen opleveren en hij zag het daarom niet zitten.

Toch denk ik dat het in de toekomst wel die kant op gaat, waardoor mainstreammedia zich straks beter kunnen profileren dan mensen met een website vanuit een zolderkamertje. Er zijn jaren geweest dat iedereen die kon aantonen dat hij honderdduizend sitebezoekers per jaar had een accreditatie van de FIA kreeg. Ze vonden het mooi om te zien dat het mediacentrum dan zo vol zat. Of het de kwaliteit van de berichtgeving bevorderde, daar hoorde je ze niet over. Tijdens de coronabeperkingen van 2020 heeft de FIA gelukkig gezien dat een mediacentrum met maar tien of twaalf journalisten van vooral mainstreammedia heel goed kan werken. Zo vaak als ze konden waren *De Telegraaf*, het *AD* en het blad *Formule 1* er, en die hebben wat mij betreft prima de Nederlandse markt bediend. Het moest allemaal wel via Zoom-sessies, maar de FIA organiseerde dat goed.

Een ander voordeel van iets minder journalisten is dat het makkelijker wordt om ze toegang te geven tot de teams en ze in het paddock een-op-een met een teambaas of coureur te laten praten. Een vraagstuk voor de komende tijd zal zijn hoe de Formule 1 ervoor zorgt dat niet alleen radio en tv maar ook de schrijvende en fotograferende pers enige mate van exclusiviteit hebben. Ik denk dat het verlenen van rechten een onderdeel is van de oplossing, omdat er zo wordt ingezet op kwaliteit in plaats van kwantiteit.

In mijn hoofd tijdens een Grand Prix

Commentator zijn in de Formule 1 is een veelzijdig vak, wat mij betreft veelzijdiger dan in veel andere sporten, zonder daar afbreuk aan te willen doen. Een van de belangrijkste vereisten voor een autosportcommentator, vind ik, is het bezitten van knowhow. Kennis valt makkelijk via zoekmachines te verzamelen, en vroeger via een encyclopedie, maar knowhow is iets anders. Knowhow bouw je op doordat je ergens lang bij bent, doordat je in het hart van de sport zit.

Veel andere sporten vallen makkelijker van buiten de sportlocatie te becommentariëren. Als ik het simplificeer: bij een tenniswedstrijd krijg je twee mensen voorgeschoteld. Je kunt opzoeken wie dat zijn, vervolgens heb je de tennisregels en dat is het.

Bij autosport ligt dat toch wat anders. De meeste commentatoren die ik ken zijn er in de loop der jaren in gegroeid. Ik ken er heel weinig die vanuit het niets Formule 1-commentator geworden zijn. Ik ben zelf vroeger begonnen als speaker op het circuit in Zandvoort. Ik praatte dan zes, zeven, acht uur achtereen over auto's en ging daarbij ook regelmatig op mijn plaat. En dat was niet zo heel erg, daar leerde ik telkens weer van.

Er zullen vast jongeren zijn die YouTube-kanaaltjes beginnen en zelf commentaar gaan geven op races. Het belangrijkste lijkt me daarbij dat je jezelf bent en niet Olav Molletje gaat zitten spelen. Je moet je eigen manier van praten hebben.

Iets wat sowieso eigen is aan het vocabulaire van een Formule 1-commentator is dat het bestaat uit veel synoniemen. Feitelijk gebeuren er in een wedstrijd ronde na ronde vergelijkbare dingen in een bepaald ritme, totdat er weer pitstops zijn of een safetycar. Dan moet je wel meerdere manieren hebben om zo'n ronde te verslaan en niet steeds hetzelfde riedeltje opvoeren. Mijn voordeel is dat ik vanaf ongeveer 1981 op het circuit in Zandvoort rondgehobbeld heb en pas in 1991 begonnen ben met Formule 1-commentaar. Ik heb daarvoor dus een opleiding van tien jaar gehad.

De plek waar ik op zaterdag en zondag het commentaar doe zie je als tv-kijker zelden. Als we willen, kunnen we de commentaarpositie tijdens de uitzendingen in beeld brengen, maar dan moet Ziggo rechten betalen aan de FOM. Ik denk niet dat het veel toegevoegde waarde heeft, want je moet naar de wedstrijd kijken en niet naar de vent die het erover heeft.

Een commentaarpositie bestaat uit een tafel met een tv-scherm en daarnaast twee tijdmonitoren die door de FOM neergezet worden. Indien nodig is er een airco, maar dat is alles. Ik heb tegenwoordig ook nog een iPadje openstaan omdat ik daarmee meer informatie over de banden heb dan te vinden is in het standaard tijdwaarnemingssysteem van de FOM en de FIA. Zo probeer ik zo goed mogelijk bij te blijven. In totaal zijn er maar liefst zeven bronnen met tijdwaarneming, maar ik gebruik er slechts twee. Ik heb bijvoorbeeld geen *driver tracker*, die je thuis naast je tv kunt zetten om te kijken wie er achter wie rijdt en wie de eerste is die ingehaald gaat worden.

Voor de rest heb ik een laptop openstaan, waarop ik zelf niks doe, omdat het eenrichtingsverkeer is. Een jongen die in Amerika zit, Sean Kelly, binnen de autosportwereld bekend als Statman, houdt live allerlei statistieken bij. Die gaan soms zo diep dat je er niet een-twee-drie mee uit de voeten kunt. Het is zijn werk, het is zijn leven. Hij levert voorafgaand aan elke Grand Prix, niet schrikken, negentwintig kantjes aan statistieken. Je krijgt dan bijvoorbeeld bij alle rijders een stukje tekst, met daarbij hun positie in het kampioenschap en hun prestaties tijdens de vorige race. Er valt iets te lezen over het land waar geracet wordt en over de historie van de betreffende Grand Prix. Ook zijn er schema's waarmee je twintig Grands Prix kunt terugkijken. Dat zijn grote tabellen die je eerst moet leren lezen, maar daarna zijn ze heel handig om even snel een feitje op te zoeken.

Een Grand Prix-weekend bestaat voor mij uit twee belangrijke livemomenten: de kwalificatie en de wedstrijd. De kwalificatie heeft een iets ander ritme dan de wedstrijd. Ik ben zaterdag een uur voor het begin in mijn commentaarpositie om me voor te bereiden. Ik hang papiertjes op, raadpleeg de laatste informatie en bespreek met Jack wat hij aan nieuws heeft, zodat we niet in de herhaling vallen tijdens de uitzending. Als de kwalificatie begint, zijn er drie blokken, Q1, Q2 en Q3, met tussendoor een *commercial break* en een stukje studio. In wezen zijn het drie sprintwedstrijdjes. Ik heb een papiertje voor me liggen met de kopjes Q1, Q2 en Q3, waaronder ik zelf kort opschrijf wat er tijdens die sessies gebeurt. Wie pakt P1 en met welke tijd? Wat zijn de verschillen? Ik doe dat omdat ik na de kwalificatie de tekst voor de samenvatting moet inspreken. Dat gebeurt 'op zwart', dat wil zeggen zonder beeld voor me. Ik haal al mijn informatie dus van dat papiertje en de uitslag die ik voor me heb. Mijn samenvatting duurt tweeënhalf tot drie minuten en wordt direct via een audioverbinding opgenomen in Hilversum. Als dat gebeurd is, plakken ze er daar de beelden overheen.

De beeldwisselingen van de regie van de FOM zijn tijdens de kwalificatie steeds sneller geworden. Dat maakt het wat lastiger om rondetijden te voorspellen, wat ik leuk vind om te doen. Als ik naar een rondje zit te kijken, wil ik kunnen inschatten of iemand in de buurt van de poleposition gaat komen, en dan niet alleen aan de hand van de eerste twee sectortijden die iedereen kan zien. Meestal kijk ik naar een punt ongeveer tien seconden voordat de coureurs over de lijn komen. Ik gebruik de vrije training om te bepalen welk punt dat is. Met wat mazzel ligt het precies in de binnenkant van een bocht, maar op elk circuit is het uiteraard weer anders. Als een auto op dat punt op 1:21 zit, weet ik dat het een rondetijd wordt van 1:31. Als hij op 1:20 passeert, wordt het een ronde van 1:30. En bij 1:22 constateer ik dus al: dit gaat 'm niet worden. Op die manier doe je dat.

Op zondag heb ik een andere voorbereiding. Dan ben ik altijd twee uur voor we beginnen in de commentaarpositie. Ik leg voorbedrukte lijstjes neer, waarop ik met de hand informatie over de banden invul, zodra bekend is wie op welk soort band start. Ik noteer tijdens de race ook in welke ronden de pitstops plaatsvinden en vanaf welke positie ze gemaakt worden. Soms is het handig om even terug te kijken. Niet bij een eenstopswedstrijd, waarvan we er de laatste jaren te veel hebben, maar wel als het een tweestopper of driestopper is. Dan is het bijvoorbeeld leuk om even te vermelden: hij kwam eerst binnen in rondje 17, toen in rondje 36 en hij heeft nu alleen nog een setje harde banden over om de race uit te rijden. Ik kan zo vertellen of een auto nog kan pushen aan het slot van de race.

Ook heb ik aan de muur altijd de biografieën van alle coureurs hangen. Dat zit echt in mijn systeem. In principe wil ik ze niet gebruiken, maar als er echt *heavy shit* aan de hand is, bijvoorbeeld een zwaar ongeluk, dan wil ik meteen iemands doopceel kunnen lichten. Ik wil niet midden in een wedstrijd hoeven opzoeken hoe oud een coureur is, waar hij geboren is en hoe vaak hij een race heeft gewonnen.

Ik probeer een wedstrijd te lézen. Dat gaat op ervaring. Met de hoogwaardige beeldkwaliteit van tegenwoordig kan ik best veel aan de banden zien, en wát ik daaraan zie moet ik proberen over te brengen op de kijker thuis. Van de regisseur krijg ik gelukkig tijd genoeg om dat tijdens de slow-motionbeelden te doen: kijk, hier zie je het verschil tussen die linkerband en die rechterband, daar zie je een streep of een blaar. Zoiets kan bepalend zijn tijdens het vervolg van de race.

Als een coureur inloopt of uitloopt op een ander, moet ik af en toe met mijn ogen ook naar de tijdwaarneming kunnen. Ik zit tegenwoordig in mijn uppie in de commentaarpositie. Ik heb wel een techneut achter me, maar die is er alleen voor de technische kant van de uitzending. In de RTL-tijd had ik een producer die op zondag naast mij zat en als een extra paar ogen fungeerde.

Die ogen heb ik nu online in Hilversum zitten. Een of soms twee mannen houden vanuit een hokje de social media bij en bijvoorbeeld ook de pagina van de wedstrijdleiding. Nu hoor ik je denken: waarom wissel je zelf niet van pagina op je monitor? Ja, dat zou kunnen, alleen bedien je de monitoren van de FOM niet met een afstandsbediening maar met een rond knopje achterop, waarmee je door de pagina's kunt scrollen. Als ik aan dat knopje zit, gaat het meestal de verkeerde kant op, maar belangrijker nog, mijn ogen zijn weer even van het beeldscherm met de wedstrijd af. En dat wil ik zo min mogelijk. Ik probeer een bepaalde sfeer neer te zetten en gepruts met knopjes en schermen helpt daar natuurlijk niet bij.

Daar komt bij dat er tijdens de uitzending, terwijl je mij hoort praten, ook een aantal mensen in míjn oor praten. De jongens die ik net noemde kunnen iets zeggen, maar ook Jack meldt zich regelmatig vanuit het paddock. Hij kan alles horen wat ik zeg en als hij daar iets interessants aan toe te voegen heeft, vraagt hij of ik even naar hem toe kan schakelen. Hij en de jongens in Hilversum kunnen elkaar niet horen, dus die praten weleens door elkaar heen. En dan is er ook nog een eindredacteur die voor het einde van het programma bepaalde dingen nodig heeft. Die heeft tijdens de wedstrijd soms een vraag aan mij over momenten die we in de nabeschouwing kunnen gebruiken. Ik kan dan terugpraten door een knop in te drukken zodat de mensen thuis me niet kunnen horen.

Soms heb ik zelf ook een vraag aan de jongens die de race volgen in Hilversum, bijvoorbeeld bij een regenwedstrijd die uitloopt. Als dan de ronden beginnen af te tellen en het erop lijkt dat we zullen finishen op de twee-uursklok, de maximale duur van een Grand Prix, heb ik geen tijd om tijdens het commentaar uit te rekenen hoeveel ronden we nog hebben. Meestal doet deze situatie zich voor in Singapore, omdat dat een wedstrijd is die zelfs onder droge omstandigheden al vaak richting de twee uur gaat.

Tot slot luister ik naar de boordradio's die de FOM op tv laat horen. Het is dus al met al best druk in mijn oren, maar daar ben ik wel aan gewend.

Sommige dingen die ik doe en meemaak tijdens het commentaar zijn wat lastiger uit te leggen. Ik heb bijvoorbeeld twee denklijnen in mijn hoofd. Ik kan praten over een onderwerp en ondertussen denken: o ja, ik moet zo nog even dit of dat doen. Dat vermogen heb je of heb je niet. Ook heb ik de gewoonte om het volume van mijn koptelefoon vrij hard te zetten, waardoor ik in zekere zin naar mezelf luister. Het is een soort trucje om een beetje wakkerder of scherper te zijn. Ik hoor het zelf soms al wanneer ik iets niet goed gezegd heb, en anders krijg ik het door van de jongens in Hilversum. Dat kan ik het corrigeren. Een foutje is helemaal niet erg en in hectische situaties soms ook onvermijdelijk.

Wedstrijden lezen is niet alleen een kwestie van ervaring, je moet ook stelling durven nemen. Vaak denk ik te zien wie van de voorste rijders als eerste een pitstop gaat maken of wie er een undercut of overcut gaat doen. En wanneer ik dat zie, dan moet ik ook genoeg op mijn inschatting vertrouwen om die uit te spreken. Als het precies zo uitpakt als ik het zag, is dat een lekker momentje. Wedstrijden gaan voor mij soms echt om dat soort details. Achteraf praat ik daar regelmatig met conculega's over. Dan gaat het van: had jij dit en dat aan zien komen? Of: dacht jij dat die en die nog terug zou komen? Dat zijn leuke gesprekken.

Volgens mij zijn mijn Belgische collega's en ik de enige commentatoren die in hun eentje commentaar geven. Alle andere hebben er iemand naast. Daar is in Nederland ook weleens over gesproken, en we hebben het met Giedo van der Garde ook wel geprobeerd. Ziggo wilde testen of dat beter zou zijn, maar dat bleek niet het geval en dus is het niet doorgezet. Ik sta er wel voor open, maar de manier waarop ik tegen mijn kijkers praat is voor mijn gevoel bijna interactief. Ik weet zeker dat er mensen thuis op de bank zitten die terugpraten. Als ik sámen met iemand ga zitten, dan heb ik het gevoel dat de fan een toehoorder wordt van wat wij er met zijn tweeën van vinden.

Iemand die ik persoonlijk heel goed vind als sidekick is Wim Kieft. Die kan heel lang zijn mond houden, maar als er wat gebeurt, dán komt-ie met iets wat hout snijdt. Hij heeft niet de enorme drang, zoals je soms bij sidekicks van andere stations ziet, om te bewijzen dat hij zoveel kan toevoegen. Er moet een balans zijn en uiteindelijk gaat het maar om één ding: dat de kijker er beter van wordt.

Hoe raar het ook klinkt: de momenten die ik altijd koester, al moet dat niet tien keer per jaar voorkomen, zijn wanneer een wedstrijd wordt stilgelegd. Dan beginnen ze soms vanuit Hilversum in mijn oor te roepen over herhalingen, fragmenten of andere dingen die ingestart kunnen worden. Ik laat dan weten dat ik zelf lekker door blijf praten en uiteindelijk vul ik de tijd wel, want dat is mijn vak. Bij een wedstrijd waarin niet zo heel veel gebeurt moet ik hard werken, want ik moet het interessant houden voor de kijker. Een wedstrijd die van start tot finish vol zit met spektakel, daar fiets je met zijn allen doorheen van moment naar moment. De Grand Prix van 2016 in Brazilië was wat dat betreft een lachertje, maar bij de meeste races in Rusland moet ik er echt hard aan trekken om er wat van te maken. Bij zulke wedstrijden duik ik vaak dieper de details in en bijt ik me erin vast. Dan vergroot ik elke tiende van een seconde in het gevecht om plek negen uit, in de hoop dat het ook echt een gevecht zal blijken.

Sinds de FOM zelf de regie doet wordt er vaker voor gekozen om minder de kop van het veld te laten zien. Als Lewis Hamilton eerste ligt met zes seconden daarachter Valtteri Bottas en vijf seconden daar weer achter Max, dan zal daar geen inhaalactie zijn. Wanneer in het middenveld, dat toch al dicht bij elkaar zit, de gevechten goed zijn, dan moet je dát laten zien. Ik vond het een prachtig compliment aan het adres van de FOM dat Mercedes na het seizoen van 2019 zei dat het team maar zo weinig in beeld was geweest. Toen dacht ik: ja, dat klopt, maar dat is omdat het vooraan niet heel spannend was. Niet dat ze daar bij Mercedes iets aan moeten doen, want ze zijn er juist om te zorgen dat ze harder gaan dan de rest en dat doen ze al jarenlang heel goed.

Steeds meer van wat je op televisie ziet van de kwalificatie en de race wordt geregisseerd vanuit Engeland. De allereerste keer dat men dat probeerde was bij de Grand Prix van Singapore in 2017. Normaal gesproken zijn er ongeveer tweehonderd mensen op het circuit om de uitzendingen te maken. Denk aan zevenentwintig cameramensen, allerlei techneuten, mensen die kabels neerleggen, mensen van de regie en opbouwers en afbrekers voor de behuizing van die regie. Bij de wedstrijd in Singapore probeerde de organisatie echter een schaduwregie te voeren vanuit Biggin Hill in Engeland. Na dat experiment konden er in de coronaperiode wedstrijden volledig vanaf die locatie worden geregisseerd en geproduceerd. In plaats van tweehonderd mensen waren er ineens maar honderd aanwezig, wat enorm scheelde bij het reizen. Alle signalen gingen via glasvezel naar Engeland, waar de schakelingen gemaakt werden die iedereen thuis op televisie zag. Dat heeft in 2020 goed gewerkt.

Vanaf 2021 zendt Ziggo alle kwalificaties en races uit in 4K. Dat zorgt voor een hogere beeldkwaliteit met meer beeldlijnen, waardoor de beleving nóg mooier is.

Afscheid van Charlie Whiting

Het was op 14 maart 2019, de donderdagmiddag voor de Grand Prix van Australië, dat in het paddock het trieste bericht kwam dat Charlie Whiting was overleden op zijn zesenzestigste. Hij was gewoon 's avonds in zijn hotel naar zijn bed gegaan en niet meer wakker geworden. Een longembolie werd hem fataal. Het hele paddock was er zwaar van onder de indruk, want Charlie Whiting was toch wel een heel bijzonder persoon. Sebastian Vettel verwoordde het gevoel van velen: 'Je kon altijd alles vragen, hij stond voor iedereen open en zijn deur stond altijd open. Hij was een racer en een heel aardige vent.'

Charlie was bij de FIA niet alleen actief als Formule 1-directeur. Hij werkte er sinds 1988 als technisch gedelegeerde die de auto's keurde voor een Grand Prix. In 1997 werd hij *race director*, oftewel wedstrijdleider, en *safety delegate*, de verantwoordelijke voor de veiligheid van de Formule 1. Maar ook vóór 1988 was Charlie actief in de Formule 1. Hij werd in 1977 monteur bij het prachtige beroemde team van Lord Hesketh, dat in de eerste vier jaar van zijn bestaan de aandacht had getrokken met podiums en een overwinning op Zandvoort van James Hunt. Toen het Hesketh-team in de loop van 1978 stopte ging Whiting naar Brabham, waar hij in dienst kwam van de latere Formule 1-supremo Bernie Ecclestone.

Charlie Whiting was een man die alle technische zaken uit zijn hoofd kende en daar ook heel helder over kon communiceren. Hij bemoeide zich graag met de technische aanpassingen die de teams voortdurend deden. Een team kwam eerst bij hem om een nieuwigheid uit te leggen, waarbij hij zijn eerste indruk onder woorden bracht. Als het niet om iets ging wat volgens het reglement als intellectueel eigendom gold, deelde Whiting de informatie als wedstrijdleider met de overige teams. Die was dan open source. Zo niet, dan was het aan het team om zelf in te schatten of de noviteit binnen de reglementen was, wat bij de eerstvolgende technische keuring zou moeten blijken.

Whitings overlijden betekende dat zijn plek als wedstrijdleider moest worden ingenomen. Dat werd gedaan door de Australiër Michael Masi. In eerste instantie wees de FIA hem aan voor tijdelijk, maar inmiddels is hij permanent. Ervaring als wedstrijdleider deed Masi vooral op in Australië bij de Supercars, waar hij eind 2018 vertrok om in Parijs voor de FIA te gaan werken. Hij zou eigenlijk vanaf 2019 race director worden voor de Formule 2 en de Formule 3 en ook een aantal weekenden als *deputy race director* naast Charlie Whiting zitten. Omdat Masi nu echter Whitings rol overnam, schoof de Nederlandse Claire Dubbelman door naar de genoemde rol binnen de Formule 2 en 3.

Ga er maar aan staan. Op dondermorgen hoor je dat Charlie is overleden. Je dacht naast hem op een stoel te gaan zitten, maar ineens zit je op zíjn stoel en ben je de grote man. En eerlijk is eerlijk: Masi heeft het dat weekend fantastisch gedaan. Ik heb begrepen dat de rijdersbriefing die hij op vrijdag moest houden ongeveer anderhalve minuut duurde. De coureurs zitten dan in een zaaltje en de wedstrijdleider vertelt wat er tijdens het weekend gaat gebeuren en wat de eventuele bijzonderheden zijn. Masi liep naar binnen en zei tegen de coureurs: 'Mijn naam is Michael Masi, we weten allemaal waarom ik hier ben. Het lijkt mij duidelijk dat ik een zware taak voor me heb, maar ik heb nu verder niks te vertellen. Als er vragen zijn, dan hoor ik het wel.' Hij en de rijders lieten het daarbij, en ik denk dat dat prima was.

Als je kijkt hoe hij zijn rol is gaan invullen, moet je vaststellen dat hij in het begin vrij low profile opereerde. Je zag of hoorde dus feitelijk niet zoveel van hem. Gaandeweg is dat veranderd. Hij laat zich vaker horen in de media en is ook prima te interviewen als je dat wilt, wat in lijn is met de grotere openheid van de FIA in de laatste jaren. Hij heeft een heel heldere visie en is daarbij als jonge veertiger ook een energieke gast.

Het lijkt erop dat Masi altijd voor de racekant kiest. Over de doden niets dan goeds, maar als het regende was het bij Charlie Whiting: oké, over tien minuten gaan we kijken of we kunnen racen. En daarna: over twintig minuten gaan we kijken. Dan wist je al: dit gaat hem niet worden. Het kan met de specifieke weersomstandigheden in de laatste twee seizoenen te maken hebben, maar het lijkt erop dat Michael Masi sneller zegt: oké, het kan wel en als het niet gaat, dan zien we het wel.

Hij heeft ook de zwart-witte waarschuwingsvlag geherintroduceerd, die eigenlijk nooit meer gebruikt werd.

Als iemand iets deed wat op het randje was, liet Charlie dat vaak gaan, maar Masi zei: daar is een vlag voor, dus waarom gebruiken we die niet? Als je een waarschuwing hebt gehad en je doet daarna iets niet goed, dan word je aangepakt.

Ik ga ervan uit dat Masi een tijd op zijn nieuwe plek blijft zitten. Hij wordt alom geaccepteerd én inmiddels ook gerespecteerd. Voor mijn gevoel zijn er ook minder twijfelgevalletjes na afloop van een wedstrijd. En het blijft belangrijk om te vermelden: hij is niet de man die de straffen uitdeelt. In feite treedt hij op – en dat is een functieomschrijving van Charlie die hij zeer ter harte heeft genomen – als een politieagent die overtredingen ziet of doorkrijgt vanuit de marshalpost in het veld en ze vervolgens doorstuurt naar de *stewards of the meeting*. Daar wordt er dan een besluit over genomen.

Terug naar Charlie Whiting. De mooiste momenten waren er altijd in Australië, waar hij elk seizoen een briefing hield voor de commentatoren en de media. Hij ging dan in het mediacentrum zitten en zei met zijn ietwat hese stem: '*Gentlemen, here we are, a new season*', en dan was het: kom maar op met je vragen. En er kwamen inderdaad allerlei vragen van ons, omdat er vaak kleine veranderingen waren in het reglement. Hij had geen boek of papieren voor zich liggen, hij wíst het gewoon allemaal. Zo'n vent was dat. Hij nam uitgebreid de tijd en daarmee waren het vaak meetings die meer dan een uur duurden.

Als je Charlie nodig had en zoals ik de toren van de wedstrijdleiding in mocht, dan klopte je gewoon op de deur. Als hij tijd had, zei hij: 'Kom maar binnen.' En zo niet, dan moest je net als bij de dokter op een stoeltje in de gang wachten. Hij had flink wat meetings op een dag, onder meer met stewards, veiligheidsmensen van het circuit, de technische FIA-man Joe Bauer en af en toe rijders of teambazen.

Als Charlie mij zag aankomen, riep hij gekscherend tegen zijn gesprekspartner: '*Here's trouble*.' Maar vaak waren het mooie discussies die we dan hadden. Een van de mooiste was midden 2017, toen hij samen met zijn toenmalige tweede man Laurent Mekies een presentatie gaf over de halo, de bescherming boven op de cockpit die geïntroduceerd zou worden in 2018. Die halo kwam er na het ongeval van Jules Bianchi in Japan, die later aan zijn verwondingen daarvan overleed. De meeste coureurs waren in het begin stijf tegen de halo. Lewis Hamilton riep iets in de trant van: ik vind het een prima ding, maar op mijn auto komt-ie niet. Maar ja, als de FIA het verplicht, dan heb je dat niet zelf te vertellen, dan komt die er gewoon.

De presentatie hadden Charlie en Laurent goed voorbereid met filmpjes en voorbeelden. Aan het einde mochten wij uiteraard vragen stellen. Bijdehand als ik kan zijn riep ik: 'Charlie, wat nou als we met de halo alsnóg een dodelijk ongeluk hebben?' Toen kwam er een uitspraak waarbij Charlie typisch Charlie was. Dan wachtte hij eventjes, keek over de zaal en zei: 'Dan was dat zonder de halo sowieso dodelijk geweest.' Ik was uit positie geluld, en vanaf dat moment was voor mij de komst van die halo wel zeker.

Ik heb in het verleden veel gelobbyd bij Charlie. Ik bedacht me bijvoorbeeld een keer: eigenlijk zijn de motorstanden die de Formule 1-teams op de auto's gebruiken, de party modes, gewoon illegaal. Je komt na de kwalificatie binnen met een auto die bijvoorbeeld 980 pk heeft. Dan zet je een schakelaartje om en ga je racen met een auto die nog maar 810 pk heeft. De regels zeggen echter dat je een auto niet mag veranderen tussen de kwalificatie en de race. Toen ik daar mee kwam keek Charlie even omhoog en zei: 'Ja, misschien heb je daar wel een punt, daar moet ik even over nadenken.' Dat kon wel vier of vijf wedstrijden duren, maar uiteindelijk kwam hij wel weer op zulke kwesties terug. En de motorstanden zijn inmiddels afgeschaft. Dat gebeurde weliswaar na Charlies overlijden, maar hij heeft het aangekaart en de regelverandering in gang gezet.

Zo heb ik ook bij hem bedongen dat de grote schermen zijn verdwenen die altijd bij de Formule 1-tests door de teams voor de pitboxen werden gezet. De fans en de aanwezige media konden zo niet zien wat er allemaal gebeurde, en dus ging ik daar met Charlie over praten.

Iets waar hij in eerste instantie helemaal níks in zag was mijn idee om straffen anders uit te voeren. Ze werden vaak vlak na de finish opgelegd maar soms ook wel twee of drie uur later. In de loop der jaren is daar de vijfsecondenstraf bij gekomen, die de stewards meteen kunnen uitdelen en waartegen je niet in beroep kunt. Om de boel makkelijker te maken had ik bedacht: als je straffen nou letterlijk óp de baan houdt? Ik verzon dat er een *penalty lane* kon komen, een rechte strook van bijvoorbeeld tweehonderd meter die je overal op het rechte stuk kon aanleggen en waar een coureur bij een straf met tweehonderd kilometer per uur overheen moest rijden. De snelheid viel te regelen met een *pit limiter*. De strook kon je aan de kant van de pitmuur neerleggen, zodat hij buiten de gangbare racelijn lag. De auto hinderde dan geen tegenstanders en het was daar ook wat vuiler op de baan, wat het nog wat minder fijn maakte. De coureur die een straf kreeg hoefde zo niet de pits in voor een *stop-go penalty*. In plaats daarvan moest hij binnen de eerstvolgende twee ronden de penalty lane pakken, wat je goed zichtbaar kon maken voor de fans. En een ander voordeel was dat je niet na de race de uitslag hoefde aan te passen vanwege strafseconden.

Charlie zag toch wel wat bezwaren, onder andere omdat er over de pitmuur altijd allerlei mensen met pitborden hingen. Hij en zijn collega's kwamen destijds niet tot een beslissing, en die is er op dit moment nog steeds niet.

Whitings dood was een behoorlijke klap voor de Formule 1-community, en dan heb ik het niet alleen over de rijders en de teambazen. Hij was ook een belangrijk figuur voor de marshals die wereldwijd langs de banen stonden. Elke dag dat er gereden werd maakte Charlie Whiting 's ochtends in de safetycar van Bernd Mayländer langzaam een rondje langs al die marshalls. Als hij voorbij was, dan was de baan klaar om te racen en werd hij officieel door de wedstrijdleiding gesloten, zoals dat heet.

Charlie Whiting was een icoon van onze sport en zwaaide op technisch gebied lang de scepter. Door zijn werk buiten de wedstrijden is de Formule 1 stukken veiliger geworden en er rijden nu coureurs rond die er zonder zijn inspanningen misschien niet meer geweest zouden zijn. Charlie is er inmiddels zelf niet meer, maar ik denk dat we ons gelukkig mogen prijzen met zijn opvolger, Michael Masi.

Boeken maken met Olav Mol

DOOR ERIK HOUBEN

'Wie is Olivier Tielemans?' bromt een man aan mijn bureau. Dat bureau staat op de bovenste verdieping van het Cebeco-gebouw aan de Blaak in Rotterdam. Het uitzicht is er wijds, over de Willemsbrug, de Maas, de kubuswoningen, de Blaak en de Oude Haven. Het is ons hoofdkwartier, van Rotterdam Racing, de organisatie van Monaco aan de Maas. We gaan morgen, zondag 7 augustus 2005, de Formule 1 demonstraties laten doen in het centrum van de stad op een tijdelijk stratencircuit. Het wordt een grote show met, naast de Formule 1, ook demo's van tal van andere auto- en motorsportklasses.

Ik ben net weer boven, nadat we op de Blaak een shakedown hebben gedaan met Nelson Piquet junior. In de gele Camel-Lotus van zijn vader uit 1989 heeft hij een paar honderd meter gereden, tot de Coolsingel en weer terug. Het geluid van de V8 klinkt geweldig tussen de Rotterdamse kantoortorens, en we hebben de eerste mijlpaal van het weekend bereikt.

De man aan mijn bureau herken ik niet direct, ook omdat ik eerst naar de overvolle inbox op mijn computer tuur. Zijn stem klinkt wel bekend. Ik kijk hem aan en zie dat het Olav Mol is, de Formule 1-commentator van RTL. Waarom zit hij hier tegenover me? Collega Herman Vaanholt houdt zich meer bezig met het programma en kan hem veel meer vertellen. Maar Herman heeft het nóg drukker dan ik, dus misschien heeft hij Olav gewoon naar mij doorgestuurd, dat doet hij wel vaker.

Net als ik me aan Olav wil voorstellen, gaat de telefoon van het kantoor. Het is een meneer die mij dringend wil spreken. Ik neem het gesprek aan en hoor een man met een Limburgse tongval.

'Meneer Houben, u spreekt met Muermans uit Roermond. Ik ben de sponsor van Robert Doornbos, die morgen bij u in de Minardi komt rijden. Ik heb een vraag aan u.'

'Dag meneer Muermans, ik weet ervan. Wat is uw vraag?'

'Wij komen morgen met de helikopter. Weet u of wij op een van de torens op de Blaak kunnen landen?'

'Dat zou ik niet weten, meneer Muermans, ik heb zelf geen helikopter.'

'O... Misschien dat we dan beter met de Ferrari kunnen komen. Weet u of die daar bij u in de parkeergarage kan, met de drempels ook?'

'Ook dat weet ik niet, ik heb namelijk ook geen Ferrari.'

'O... Nou weet u, meneer Houben, dan komen we wel met de BMW.'

'Dat lijkt mij het beste, meneer Muermans. Tot morgen en alvast een goede reis.'

'Vriendelijk bedankt, meneer Houben. Tot morgen.'

Als hij een paar dagen eerder had gebeld, had ik het wel voor hem geregeld. Hoe meer heli's en Ferrari's bij je evenement, hoe beter. Maar nu, één dag van tevoren, zijn andere zaken belangrijker.

Als ik ophang, wijst Olav op het programmaboek dat voor hem ligt. Dát is waarom hij hier zit, want hij moet daar morgen over vertellen op televisie. Ik stel me aan hem voor en leg uit hoe we onze show bedacht hebben. Vanaf twee uur 's middags hebben we Formule 1-demonstraties met Williams, Minardi en de prachtige Lotussen. Daarvoor en daarna is het de beurt aan andere formule-auto's, toerwagens, karts, motoren, drifters en de indrukwekkende voertuigen uit de Dakar Rally.

Een van de aanwezige teams is de Scuderia Famà uit Italië, waarvoor de Nederlander Olivier Tielemans in de Formule 3000 rijdt. Zijn vader heeft ons, net als veel andere vaders van jonge coureurs, gevraagd of Olivier en zijn teamgenoot op ons evenement mogen rijden. Twee rode formulewagens uit Italië van een team dat 'Scuderia' in de naam heeft, dat lijkt ons wel mooi. De Scuderia uit Maranello hebben we natuurlijk ook uitgenodigd, maar die zal pas in 2011 komen opdagen met testcoureur Marc Gené en in 2014 nog een keer met Kimi Räikkönen.

Olav vraagt nog veel meer over het programma, maar ik kan hem niet alle details geven die hij hebben wil. Het is wel duidelijk dat hij zijn taak serieus neemt. Hij kijkt niet echt tevreden, maar verspilt verder geen tijd. 'Ik zie dat je erg druk bent, dus ik ga weer verder,' zegt hij. 'Maar toch bedankt en heel veel succes morgen.' Hij geeft me een hand en verdwijnt door de georganiseerde chaos die ons kantoor deze dagen kenmerkt.

Die zondag wordt een bizarre dag: voor driehonderdduizend racefans zetten talloze raceteams, waaronder Williams F1 met Ho-Pin Tung en Minardi met Christijan Albers en Robert Doornbos, de binnenstad van Rotterdam op stelten. Ook de motoren geven een prachtige demo, met onder andere Wil Hartog, alias de Witte Reus, en Jan de Vries, tweevoudig wereldkampioen 50 cc. En Olivier Tielemans natuurlijk! Monaco aan de Maas blijkt een groot succes, dat zelfs in China op het tv-nieuws komt.

Een maand later krijgen we een brief met daaronder de handtekening van prins Albert van Monaco in zijn hoedanigheid als erevoorzitter van de Automobile Club de Monaco. Of wij zo vriendelijk willen zijn niet meer de naam Monaco te gebruiken in een evenement met Formule 1-auto's. We besluiten even niet te antwoorden omdat we intussen praten met een grote bierbrouwer in Lieshout die graag hoofdsponsor en naamgever van het evenement wil worden.

Vanaf 2005 spreken Olav en ik elkaar regelmatig in verband met Bavaria City Racing, de nieuwe naam van ons F1-evenement. Hij is een paar keer onze eigen commentator voor het publiek in de stad. We hebben ook contact rondom de Dakar Rally, omdat Olav elk jaar meegaat als reporter voor een Nederlands truckteam en ik de sponsoring en publiciteit doe voor een ander Nederlands team.

In 2013 ben ik na een paar jaar op afstand weer vol betrokken bij de organisatie van het F1-event in Rotterdam. Gedurende de twee maanden die voorafgaan aan VKV City Racing – zo heet het dat jaar – help ik om de publiciteit in goede banen te leiden. Een dikke week voor het evenement gaat de kantoortelefoon. De dame die opneemt zegt dat het een man is met een Limburgse tongval die iemand over het programma wil spreken. Ik neem het gesprek aan.

'Goeiemorgen, u spreekt met Jos Verstappen,' klinkt het aan de andere kant van de lijn. Jos kent ons evenement goed en heeft er meerdere keren een topshow gegeven. Met de gemeentelijke diensten in Rotterdam spreek ik elk jaar af waar er donuts gedraaid mogen worden. Die plekken staan gemarkeerd op de metersgrote detailtekening van ons circuit en collega Herman laat die jaarlijks zien als hij de rijdersbriefing geeft voor de show. Jos weet ze echter ook te draaien op plekken waar we dachten dat het niet kon en het publiek smult ervan. Ook is hij behulpzaam geweest toen de stad Roermond ons een keer vroeg om een soortgelijk F1-evenement bij de opening van een nieuwe snelweg te organiseren.

We hebben Jos de jaren ervoor weleens gevraagd of hij niet eens met zijn zoon wilde komen. Die maakte furore bij het karten en vanaf dag één van onze show waren er karters present. Dat is en blijft de basis van de racerij. Maar Jos leek geen behoefte te hebben om Max zo jong al aan een groot publiek te presenteren en wij begrepen dat. Nu is dat veranderd, want Jos heeft iets moois bedacht.

Jos: 'Ik kom zondag met mijn zoon, ik in de formule-auto en Max in de kart. We gaan samen de baan op en doen een mooie demonstratie voor de mensen.'

'Dat klinkt prachtig, maar ik moet dat wel even met het stadhuis overleggen. In onze vergunning staat dat een Formule 1-auto slechts in zijn eentje de baan op mag, met een safetycar ervoor en erachter.'

'Zeg ze maar dat we gewoon komen,' zegt Jos en we zeggen gedag en hangen op.

De persoon bij de gemeente die er wat van moet vinden vindt het geen probleem. Ik laat op de plattegrond van onze tjokvolle paddock aan de voet van de Willemsbrug een extra pitbox intekenen. Als Jos en Max Verstappen komen, dan moet de rest maar wat inschikken.

Op zondag, een kwartier voordat de Verstappens de baan op gaan, loop ik de tent in waar Max zich prepareert. Met zijn vijftien jaar gaat hij een show geven voor een paar honderdduizend man, dus ik wil hem even succes wensen. Hij oogt totaal niet nerveus, integendeel, hij heeft een grijns op zijn gezicht en heeft er zin in.

Het optreden is een groot succes. Jos rijdt in een auto van de Auto GP* en Max in zijn CRG-kart. De mensen langs de baan en op de tribunes genieten van de burnouts en donuts van Jos, en van Max die rondjes rond zijn vader drift. Niemand heeft ooit zoiets gezien. Max sluit de demo af met een paar donuts op start-finish en als ik hem feliciteer met een mooie show, zegt hij dat hij zelf ook genoten heeft.

Een jaar later zal hij er weer zijn, maar dan met een Formule 1-auto van Red Bull Racing in Toro Rosso-*livery*. Over de Willemsbrug en de Erasmusbrug rijdt hij zijn eerste Formule 1-meters voor een groot Nederlands publiek.

In het voorjaar van 2015 ontbijten Olav en ik op het terras van restaurant Iguana aan het strand in het Spaanse Calpe. Hij woont daar al jaren en ik sinds kort ook ge-

---

* Oorspronkelijk een A1 Grand Prix-auto, de klasse waar Jos Verstappen in 2005 en 2006 in reed.

durende de helft van het jaar. De andere helft verblijf ik in Brazilië op een boerderij van familie.

Olav kijkt me aan en zegt: 'Weet je, ik bedacht me deze week dat ik al vijfentwintig jaar in de Formule 1 bezig ben. Da's best lang.'

'Gefeliciteerd,' zeg ik, 'daar moet je een boek over schrijven.'

'Nee, ik schrijf niet. Ik ben beter in lullen.'

'Oké, dan lul jij het in je telefoon, je stuurt het naar mij en ik schrijf het op. Zoiets?'

'Da's wel een idee,' zegt Olav, 'en laat ik nou net deze week een mailtje van een uitgever hebben gekregen. Wat nou als jij hem eens belt?'

Dat doe ik en een paar weken later zit ik bij de Stopera in Amsterdam aan de koffie met uitgever Bart Wessels van – dan nog – Uitgeverij Q, onderdeel van Singel Uitgeverijen. Bart begrijpt dat met Max Verstappen de populariteit van de Formule 1 zal groeien en Olav Mol is voor een uitgeverij een voor de hand liggende persoon om mee samen te werken. We maken een contract en beginnen aan Olavs autobiografische boek *Een leven met Formule 1*.

Olav zie ik daarna niet meer, want ik vlieg weer terug naar de boerderij in Brazilië. Via e-mail en telefoon laat hij weten wat hij allemaal wil vertellen in het boek en samen bedenken we een structuur en hoofdstukken. Lange verhalen, korte verhalen, heel korte soms, en ook een bondige samenvatting van elk van die vijfentwintig jaren in de Formule 1.

Niet lang daarna komen Olavs ingesproken verhalen binnen. Voor mij is dat telkens een aangename verrassing. Op onze boerderij is zelden internetbereik en alleen op twee plekken in ons dorp is er weleens verbinding. Eén daarvan is bij de dorpskroeg, waar ik een paar keer per week mijn e-mail check. Als daar weer een mailtje met audio van Olav tussen zit, dan weet ik dat ik weer een paar dagen zoet ben.

Zoet is misschien ook wel het beste woord. Je hoort iemand spreken die zijn leven binnen een sport heeft doorgebracht en daar nog steeds evenveel van houdt als toen hij begon. Hij heeft ook een sterke wil om dat over te brengen aan de fans. Hij wil gewoon heel graag zijn passie delen.

Mijn werk is nu om de verhalen die Olav in spreektaal vertelt om te zetten naar schrijftaal. Het is niet per se heel moeilijk, maar vooral een kwestie van meerdere keren goed geconcentreerd luisteren en zinnen met soms twee of drie bijzinnen opknippen zonder de essentie te schrappen. En daarna alles tekens weer teruglezen en bijslijpen. En het dan wéér teruglezen en nog een keer verbeteren. Dat is hoe ik het doe.

Anderhalve maand voordat het boek verschijnt zie en spreek ik Olav weer in Calpe. Het rommelt een beetje bij Toro Rosso en we bedenken om een dag later, op 1 april, een stuk op de website van Grand Prix Radio te schrijven met als titel 'Max Verstappen naar Red Bull Racing'. Het artikel begint heel geloofwaardig, maar stap voor stap wordt het voor de goede lezer duidelijk dat het volstrekte kolder is. Het wordt meer dan honderdduizend keer gelezen en genoeg mensen trappen erin om het als een geslaagde grap te zien. Vier dagen later is het echter helemaal geen grap meer, het is werkelijkheid. Daniil Kvyat en Max gaan van stoeltje wisselen en vanaf de Grand Prix van Spanje is Max Verstappen Formule 1-coureur bij Red Bull Racing.

Het boek waaraan we driekwart jaar hebben gewerkt is drukklaar, maar Olav wil graag nog een hoofdstuk aan deze bijzondere stap wijden. Uitgever Bart vindt dat ook een goed idee en binnen een middag persen we er samen nog een laatste hoofdstuk uit met als titel 'Max Verstappen moest weg bij Toro Rosso'.

Het boek *Een leven met Formule 1* gaat naar de drukker. We kunnen er niets meer aan veranderen of toevoegen, ook niet de spectaculaire zege van Max bij zijn Red Bull-debuut in Barcelona. Een week na die zege zal het boek in de winkels liggen. Van de uitgever hebben we al gehoord dat het stormloopt met reserveringen. Een Nederlander wint een Grand Prix, dus veel mensen willen meer weten over de Formule 1. Een paar weken lang staat het boek nummer twee in de bestsellerlijst, wat vooral voor de uitgeverij heel bijzonder is. Mij persoonlijk doet het weinig, want het zegt niks over de daadwerkelijke verkoopaantallen, maar als ik die hoor, ben ik aangenaam verrast.

De uitgeverij wil graag meer boeken met ons maken en ik sluit contracten voor twee nieuwe titels: *Grand Prix Retro*, met verhalen van Olav én de zes redacteuren van de nieuwssite van Grand Prix Radio, en een jaarboek met verhalen van Olav en Jack Plooij en korte raceverslagen die ik zelf schrijf.

Een jaar later, in 2017, brengen we *Zo werkt de Formule 1* uit, een groot uitlegboek met veel foto's en illustraties waarin we de Formule 1 in alle facetten uitleggen. Mike Mulder van de redactie van Grand Prix Radio schrijft mee en Craig Scarborough maakt in Engeland mooie detailtekeningen en zogenaamde *cutaways* van de verschillende onderdelen van een Formule 1-auto.

Olav is uitgenodigd bij het tv-programma *Jinek* om over dat boek te praten en omdat ik ook een paar dagen in Nederland ben ga ik kijken bij de opname. Het boek komt één keer kort ter sprake, verder niet. Als ik na afloop buiten sta te praten met Olav stapt er een zeer enthousiaste dame van het programma op ons af.

'Nou, dat ging super hè?' zegt ze.

'Ik vond het niks,' zegt Olav. 'Vooraf bespreken we dat we ook over ons boek zullen praten, maar vervolgens willen jullie het alleen maar hebben over Max dit en Max dat.'

'Ja natuurlijk, dat is wat de mensen graag horen!' roept de dame.

'Dat begrijp ik, maar dat was niet de afspraak,' zegt Olav, 'en zo gaat het altijd bij jullie.'

Olavs boodschap komt in mijn beleving niet echt aan, aangezien de dame enthousiast blijft verkondigen wat een geweldige avond het is geweest.

Als ze weg is, zegt Olav tegen mij: 'Peter de Vries is ooit om dezelfde reden weggelopen uit een talkshow. Misschien moet ik dat ook eens doen.'

Het boek verkoopt in de weken die volgen goed. De uitgever, Olav en ikzelf willen graag verder, dus plannen we een nieuw jaarboek en een boek over Ayrton Senna.

Het boek over Senna schrijven we echt samen. Olav heeft Senna's laatste jaren in de Formule 1 zelf meegemaakt en heeft een aantal keer met hem gesproken. Ikzelf ben er in de loop der jaren achter gekomen dat Senna nog altijd de grootste sportheld van Brazilië is. Hij is er groter dan voetbalkoning Pelé, en groter dan Johan Cruijff in Nederland. Tachtig miljoen Brazilianen zaten bij zijn races op zondagochtend voor de televisie, en hij liet ze op die momenten even de problemen van alledag vergeten.

Mijn vriend Pitoko in São Paulo, amateurcoureur en kind aan huis op Interlagos, laat me in zijn schuur een bizarre verzameling Braziliaanse tijdschriften zien. Alle successen en drama's van Senna komen langs in kleur en zwart-wit. Ik mag ze een week lenen om te kopiëren. Er zit een *Playboy*-interview met Galvão Bueno bij, zeg maar de Olav Mol van Brazilië, een van de mensen die het dichtst bij Ayrton stond tijdens zijn Formule 1-carrière. De rest van het tijdschrift is ook interessant, vooral de foto's. Vrouwen lieten zich in die jaren duidelijk anders knippen dan tegenwoordig. Ik stuur wat foto's van het interview door naar Olav, die blij is om te zien dat ik serieus bezig ben met de research voor ons boek.

In São Paulo struin ik tweedehandsboekwinkels af. Ik vind een hoop interessants in het Portugees uit de periode dat Ayrton nog leefde. Uit de tijdschriften en boeken vis ik allerhande anekdotes en impressies die in de Engelstalige boeken over Senna niet te vinden zijn. Vooral de verhalen in een boekje van zijn geliefde Xuxa zijn mooi. Ze beschrijft hoe ze de relatie met Ayrton verbrak en naar New York vloog om in haar eentje even rust te nemen in haar hectische leven als populairste tv-presentatrice van Brazilië én geliefde van een van de grootste sporthelden van die tijd. Ayrton vloog haar achterna in zijn eigen jet en ontdekte waar ze verbleef. Verkleed als kerstman belde hij aan in de hoop haar met deze ludieke actie terug te winnen. Ze was echter niet te vermurwen en liet hem niet eens binnen. De wereldster kon met zijn puntmuts en witte baard weer rechtsomkeert maken richting Brazilië.

In november is Olav ook in São Paulo voor de Grand Prix van Brazilië van 2018. Ik heb na wat onderzoek en rondvragen een route uitgestippeld langs de plekken waar Ayrton Senna in zijn leven heeft gewoond. Met Olav volg ik die om te zien waar hij nou precies vandaan kwam, ook in de hoop mensen te spreken die hem als jongetje hebben gekend. Het wordt een interessante trip, en we gaan bijvoorbeeld beter begrijpen waarom Senna zo'n goede regenrijder was. Van oktober tot januari regent in São Paulo het vaak dagen achtereen op het einde van de middag, net als Ayrton met zijn kartje oefende op de kasseien rondom zijn ouderlijk huis. In gesprekken op straat en in een restaurant voelen we wat voor enorme indruk hij heeft achtergelaten. Voor de Brazilianen was hij niet alleen een groot coureur, hij was vooral een van hen. Na elke overwinning ging hij als er ook maar even tijd voor was terug naar huis om zijn succes samen met zijn fans te vieren. En hijzelf en na zijn dood zijn stichting startten en financierden talloze initiatieven die het leven van vooral minderbedeelde kinderen verbeterden. Onder leiding van zijn zus Viviane is de Senna Foundation in Brazilië inmiddels een soort tweede ministerie van Onderwijs geworden, dat misschien wel meer heeft bereikt dan Ayrton ooit heeft kunnen dromen.

In het voorjaar van 2019 zitten Olav en ik op zaterdag op het terras van zijn dochters snackbar in Calpe. We spreken daar meestal af zonder exact tijdstip. We zijn er allebei gewoon zodra de nieuwe hoteltoren tegenover het terras de zon niet meer blokkeert.

Olavs jongste kleinzoon Lorenzo huppelt vrolijk tussen de tafels door en met zijn oudere broertjes Delano en Giovanni babbelen we wat over karten en de Formule 1.

Ineens vraagt Olav: 'Zullen we een kinderboek maken? Voor jongens en meisjes van hun leeftijd, over karten en de Formule 1? Gewoon een vrolijk verhaal waarin we een beetje uitleggen hoe het allemaal werkt in het racen?'

Het is de geboorte van *Snelle Sam*, een boek over een jochie dat geïnteresseerd raakt in het racen als er bij hem thuis spontaan een feest ontstaat na de zege van de Nederlander Bas Vandamme in Barcelona. Olav bedenkt de hoofdlijn van het verhaal en een aantal avonturen die Sam mee gaat maken. Samen verzinnen we hoe die avonturen uitpakken en we hebben veel lol in het verzinnen van namen: Tony Boss, Bas Vandamme, Rudi Preis, Pablo Camicaso, Talentino Bossi en Flavio Radiatore.

Februari 2020. Na vier jaar jaarboeken met Olav en Jack te hebben gemaakt wil ik dat boek minimaal een jaar overslaan. Het kost elke keer veel tijd, die ik liever besteed aan andere boeken waar we al over hebben nagedacht. Ik vertel dat aan de nieuwe uitgever Eduard Richter, die ons daarop in Spanje komt opzoeken. We besluiten samen dat we een vervolg op *Een leven met Formule 1* moeten maken. Er is sinds de publicatie daarvan in 2016 zoveel gebeurd in de Formule 1 en er is zoveel nieuw in de sport en in Olavs leven, waarover hij in een nieuw autobiografisch boek volop kan vertellen. Ook gaan we een nieuw uitlegboek maken met het oog op de aangepaste reglementen in 2021. Vol aan de bak dus in 2020.

En dan wordt het maart. Olav reist af naar Australië voor de eerste Grand Prix van 2020. De week ervoor hebben we op een rij gezet hoe we de twee nieuwe boeken gaan maken. Het wordt een hoop werk, maar we geloven dat het de moeite waard zal zijn. Het aantal Formule 1-kijkers blijft maar groeien, wat vooral dat nieuwe uitlegboek relevant maakt. Olav heeft het er vaak over dat hij op tv tegen zowel doorgewinterde fans praat als tegen nieuwe geïnteresseerden. Bij een kwalificatie of een race kan hij aan die tweede groep niet telkens alles uitleggen, daar is gewoon de tijd niet voor. Maar in een boek kan dat wel. En het vorige uitlegboek uit 2017 is in veel opzichten alweer aardig gedateerd. Ook daarom moet er een nieuwe versie komen.

Vrijdag de dertiende maart komt vanuit Melbourne het bericht dat de Grand Prix is afgelast. Een van de mensen bij McLaren is positief getest op het coronavirus en wereldwijd zwelt tegelijk een grote stroom aan verontrustend nieuws aan. Ik krijg zelf telefoon uit Nederland dat mijn peetoom is overleden, niet aan corona, maar aan een hart dat al een tijd niet meer goed was. Ik wil er zo snel mogelijk naartoe, maar heb premier Rutte eerder in de week horen zeggen dat hij niet zeker weet of de vliegvelden open blijven. Als ik ga vliegen, kan ik volgende week misschien niet meer terug. Ik besluit daarom met de auto te gaan en rijd die avond noordwaarts, om twintig uur later in Brabant te arriveren. Onderweg begrijp ik van Olav dat ook de tweede wedstrijd, de Grand Prix van Bahrein, niet doorgaat en dat hij en de Ziggo-crew teruggaan naar Nederland. Daarna vliegt hijzelf door naar Spanje. 'Tot volgend weekend in Calpe dan' stuur ik hem als bericht, niet wetende dat ik drie maanden zal vastzitten in Nederland omdat de landsgrenzen van België, Frankrijk en Spanje allemaal op slot gaan.

In de maanden die volgen moeten we schuiven met de geplande boeken. De Formule 1 heeft de reglementswijzigingen voor 2021 een jaar uitgesteld en dus doen wij hetzelfde met ons uitlegboek. In de extra tijd die we allebei hebben besluiten we een tweede *Snelle Sam* te maken. De eerste ligt nog niet eens in de winkel, maar we hebben lol beleefd aan het maken ervan, dus waarom maken we er niet nog eentje? De tijden zijn al vervelend genoeg en als je kunt, moet je doen waar je plezier in hebt. Het samenwerken gaat nu alleen telefonisch, Olav vanuit thuis in Spanje en ik meestal wandelend op de Vughtse Hei of in de Bossche Broek.

Ook de nieuwe autobiografie van Olav schuiven we een paar maanden op. Olavs najaar zit tjokvol vanwege de in elkaar geperste Formule 1-kalender, dus zijn verhalen kan hij beter vertellen als er weer wat rust en tijd is voor reflectie op een raar jaar.

Die verhalen zijn het boek geworden dat je nu leest, het twaalfde boek dat ik in vijf jaar tijd met Olav heb mogen maken. En dat 'mogen' voelt ook echt zo. Ik mág boeken maken over een sport die ik al sinds mijn zevende volg en dat samen met een van de allergrootste kenners ervan. Het gaat allemaal heel natuurlijk. We plannen alles heel ruim zodat er geen tijdsdruk is. En als die er heel soms wel even is, dan zetten we een tandje bij en komt het ook goed.

We hebben niet van tevoren bedacht dat we zoveel boeken zouden schrijven, er was geen plan, we doen het omdat we het leuk vinden. En de populariteit van de Formule 1 in Nederland groeit nog steeds, dus wie weet hoelang we nog doorgaan?

Jullie zijn gek!

Voorafgaand aan het seizoen van 2019 werd ik uitgenodigd in Genève voor het eerste FIA Race Director Seminar en het FIA International Stewards Programme. Dat was een nieuw initiatief waarmee de FIA jaarlijks zo veel mogelijk stewards wilde bijscholen en ze op de hoogte wilde houden van de nieuwste ontwikkelingen in hun vak. Er waren in totaal honderdzestig mannen en vrouwen, die deels in een grote zaal en deels in groepen naar sprekers luisterden en praktische workshops deden. Het ging er bijvoorbeeld over hoe je aan het verloop van een wedstrijd kon zien in welke hoofdstukken van het reglement je moest gaan kijken. Ook werd er uitgelegd dat straffen altijd gelijk moesten zijn. Dat betekende dat iemand eraf tikken voor plaats dertien niet minder erg was omdat er geen punten of podium in het spel waren.

Opvallende aanwezige tussen de stewards was Max Verstappen, die daar zat als onderdeel van zijn taakstraf na een akkefietje met Esteban Ocon drie maanden eerder. Ocon probeerde in Brazilië zijn ronde achterstand ongedaan te maken door raceleider Verstappen in te halen in Senna's S-bocht, wat leidde tot een aanrijding die

Max de zege kostte. Max kwam na de race met wat geduw bij Ocon verhaal halen en dat ging de stewards te ver. Voor straf moest hij samen met die stewards aanschuiven bij de Prix van Marokko en bij dit seminar in Zwitserland.

Het mooiste wat we meemaakten was dat er een aantal cases werden voorgelegd aan de hele zaal, die verdeeld was in tien grote tafels. Elke tafel moest per case een eigen beslissing nemen en daar zaten opmerkelijke verschillen tussen. Michael Masi presenteerde een case uit het Australische Supercars Championship. Het ging om de laatste wedstrijd. Omdat de race live werd uitgezonden én beslissend was voor de titel zouden de kampioenschapsbekers meteen na afloop worden uitgereikt. Wat gebeurde er? In de laatste ronde leidt de nummer één van het kampioenschap de race en ligt de nummer twee tweede. Ze raken elkaar en vliegen allebei van de baan. De sponsor van de leidende auto is ook de hoofdsponsor van de slotrace en heeft ervoor betaald dat alles live op televisie is. De stewards kregen de volgende opdracht: mede omdat het allemaal live op tv is hebben jullie acht minuten de tijd om deze case te onderzoeken en een besluit te nemen. Er móét immers een beslissing in het kampioenschap komen.

Aan alle tafels werd vervolgens overlegd, met als resultaat wel vier verschillende uitkomsten. De ene tafel vond dat de nummer twee de nummer één eraf had getikt, een andere vond dat de nummer één het gat dichtgegooid had en een volgende tafel vond weer wat anders. Ruim een uur lang werd vervolgens geanalyseerd hoe het uiteindelijke besluit in werkelijkheid tot stand was gekomen. De belangrijkste boodschap: je moet gewoon je werk doen, kijken naar de feiten op de baan en je niet laten beïnvloeden door het gegeven dat een hoofdsponsor het feestje betaald heeft.

Mijn rol tijdens de bijeenkomst was dat ik in een panel zat dat vragen beantwoordde van communicatieman Tom Wood van de FIA. Die vragen had ik van tevoren gekregen, maar ik kreeg ook ruimte om dingen ter sprake te brengen die ik zelf belangrijk vond. En dat deed ik ook toen ik het woord kreeg, wat best spannend was. In die zaal zaten namelijk allerlei belangrijke figuren, zoals Charlie Whiting, Michael Masi, Gary Connelly, Tom Kristensen en Mika Salo. Wat ik als eerste riep was: 'De Formule 1 is gek en dat geldt met name voor jullie stewards.' Ik heb dat letterlijk gezegd: '*You are crazy.*' En toen viel het even stil in de zaal. Ik legde vervolgens uit wat ik bedoelde, namelijk dat het voetbal er bij het invoeren van de VAR vandoor is gegaan met iets wat wij allang hebben. Alleen wéten we het niet en zíén we het niet. De Formule 1 heeft namelijk al jaren een computersysteem dat stewards in staat stelt om een vermeende overtreding in te tikken, bijvoorbeeld als iemand een ander van de baan af dwingt, waarna op het scherm alle beslissingen verschijnen bij vergelijkbare gevallen. En daarbij zitten ook álle beelden van al die gevallen. Dat is dus echt een groot systeem, waarmee de stewards heel consequent kunnen zijn in hun beslissingen. Het gevoel bij veel mensen thuis is dat de stewards inconsequent zijn, terwijl dat niet klopt, en dat is een enórme gemiste kans.

Ik ben die dag de lobby begonnen, ook in samenwerking met de Nederlandse Claire Dubbelman, tegenwoordig deputy race director naast Michael Masi, om de stewards bij de wedstrijden in beeld te brengen. De primaire reactie was dat zoiets erg lastig was, maar gelukkig gebeurt het inmiddels wel. Ik denk dat het enorm helpt dat mensen beginnen te beseffen dat het niet de race director is die de straffen uitdeelt. Bij het voetbal wende de wereld aan de VAR, en in feite zijn de stewards al jarenlang de VAR bij de Formule 1, maar we zagen het niet.

Ik ben ook gaan praten met de tv-productiemensen van de FOM. Ik zei dat het tonen van de stewards wat mij betreft niet met geluid hoefde, want die stewards moeten in alle vrijheid hun werk kunnen doen. En heel eerlijk, het hoeft ook niet per se live. Je moet geen camera naar binnen sturen als zij net een beslissing met mogelijk grote gevolgen moeten nemen. Je kunt bijvoorbeeld beelden maken bij de derde vrije training, als ze er ook allemaal zitten, en die beelden speel je af als het nodig is tijdens de race. Ik ben er best trots op dat ik het onderwerp heb durven aankaarten en dat er uiteindelijk ook wat mee gedaan is.

Een tweede case die me te binnen schiet ging over een rally. Bij rally's zijn er tussen de proeven door een aantal momenten waarop er door monteurs service mag worden verleend aan de auto's. Daarbuiten is elke service door derden verboden. De case ging over een rally waarbij een mevrouw in een veldje stond te kijken en toen zag dat een rallyauto rechtsaf een schuur in ging die niet in het aangewezen servicepark stond. Ze kon van een afstand in de schuur kijken, hoorde daar het geluid van *wheel guns*, maakte er foto's van en zette die op social media.

De race director kreeg die foto's te zien, maar verder was er door niemand binnen de organisatie een melding van het incident gemaakt. De vraag was wat je daar uiteindelijk mee moest. Kon je zoiets accepteren als bewijsstuk?

Men moest uitzoeken of die mevrouw wel te goeder trouw was en niet namens een concurrerend team probeerde een ander team een oor aan te naaien. Volgens mij was de uitkomst dat de auto na afloop gecontroleerd werd en dat daar niet aan te zien viel of er iets illegaals mee gedaan was.

Een laatste interessante casus besprak ik met Dennis Dean, niet tijdens een plenaire sessie maar apart aan een tafeltje. Dean is een heel ervaren Amerikaanse steward en ik vertelde hem wat ik vond van een beslissing bij de Duitse Grand Prix op Hockenheim in 2018. Het was daar gaan regenen, raceleider Vettel schoof in de muur en er kwam een safetycar op de baan. Kort daarna ging Lewis Hamilton richting de ingang van de pitstraat. In zijn oor riep zijn engineer een verwarrende opdracht: *'Box, box, box.*[*] *No, stay out, stay out! In, in, in, in, in!'* Lewis stuurde op het allerlaatste moment toch zijn auto door het gras terug het rechte stuk op en vervolgens won hij die race. Van de stewards kreeg hij slechts een reprimande voor het overschrijden van de witte lijn tussen de ingang van de pitstraat en de baan.

Ik zei daarover tegen Dennis Dean: 'Jullie moeten soms ook gewoon niet alleen maar naar het reglementenboek kijken. Jullie hebben gekeken of er een fout was bij het inrijden van de pitstraat, maar wat de mensen thuis gezien hebben is een rijder die de baan afsteekt en een voordeel pakt.'

'Maar welk voordeel pakte hij dan?' vroeg Dean.

Ik zei: 'De drieëntwintig seconden die de pitstop hem anders had gekost. Dat is best een voordeel volgens mij. Wat hij daar feitelijk deed was het verlaten

---

* 'Box, box, box' is een signaal aan een rijder dat hij een pitstop moet maken.

van de baan en het behalen van een voordeel.' In het reglement staat letterlijk dat als een rijder de baan heeft verlaten en er weer op terugkomt, hij daar geen blijvend voordeel van mag hebben. De race director kan dan bevelen dat hij bijvoorbeeld een gewonnen plek terug moet geven en vaak worden er vijf strafseconden uitgedeeld door de stewards. Dat laatste gebeurde bijvoorbeeld toen Max Verstappen in Amerika in 2017 met vier wielen over de rand Kimi Räikkönen inhaalde en zo derde werd. De stewards bestraften hem met vijf seconden en Kimi mocht naar het podium in plaats van Max.

Die Dean was wel een reële gast en zei: 'Ja, zo heb ik er nooit naar gekeken.'

'Dat is het vaak,' zei ik. 'Jullie zitten maar met dat reglementenboek in handen, maar als zoiets gebeurt moet eigenlijk je eerste vraag zijn: "Wat heb ik gezien?" En wat je gezien hebt kan niets anders zijn dan een rijder die de baan verlaat, een bocht afsnijdt en de baan weer op komt.' Of het aankaarten van zo'n probleem de blik van de stewards daadwerkelijk verandert weet ik niet. Dennis Dean zei in elk geval dat het voor hem een eyeopener was, dus dat was tenminste iets.

Ook goed om te zien was dat de stewards zich realiseerden dat het beter was als beslissingen snel genomen werden. Je wilt niet dat mensen na de race wegrijden van het circuit met het idee dat Lewis heeft gewonnen, Bottas tweede is en Max derde, om later thuis te lezen dat Lewis een straf heeft gekregen en Bottas daardoor heeft gewonnen. Wat ze daar dus in de loop der jaren voor bedacht hebben is de vijfsecondenstraf. Die moet je bij je pitstop inlossen door vijf seconden extra te wachten. Als je geen pitstop meer hoeft te maken, worden ze bij je eindtijd opgeteld. Je kunt daar niet tegen in beroep gaan. Ik ben geen dikke voorstander van die straf, maar het resultaat is wel dat je snel weet wat de consequenties van een overtreding zijn zonder dat er eerst een paar uur achter een groene tafel over vergaderd hoeft te worden.

Wat je liever niet wilt is de situatie die zich in 2019 voordeed in Oostenrijk, toen Max won nadat hij twee ronden voor het einde Charles Leclerc in een wiel-aan-wielgevecht passeerde. De stewards deden er toen drie uur over om die inhaalactie goed te keuren. Leclerc had geroepen: '*He pushed me of the track!*' maar de stewards keken vervolgens heel goed naar beelden uit verschillende hoeken, data van de auto's met onder andere de stuurhoek en nog veel meer. Voor tv-stations met hun programmering en kranten met hun deadlines is zoiets heel lastig. Voor websites daarentegen maakt het niet uit, want die kunnen in zo'n geval juist langer hun bezoekers vasthouden. Ook de aanwezige fans bleven drie uur in het ongewisse en heel veel van hen bleven rondhangen op het rechte stuk van de Red Bull Ring. De organisatie is dat zelfs gaan schoonvegen uit angst dat er rellen kwamen als de uitslag de verkeerde kant op ging, maar zoiets gebeurt natuurlijk bijna nooit in de autosport.

Voor de stewards is een positieve uitkomst van die wedstrijd dat zulke inhaalmanoeuvres voortaan door iedereen geaccepteerd worden omdat er die keer zo goed naar gekeken is. Dan heb je het over een inhaalactie met een klein momentje, een korte touché zonder schade, wat als je duidelijk de binnenkant van de bocht hebt gewoon oké is. Het incident is ter referentie opgenomen in het systeem met daarbij het beeld, de beslissing en de afwegingen die de grondslag waren voor die beslissing.

Het systeem wordt continu aangevuld en de stewards zijn zichzelf continu aan het verbeteren, ook door een seminar als dat in Genève en andere trainingen. De nieuwe race director Michael Masi is daar ook heel goed mee bezig, met het steeds consequenter en sneller maken van beslissingen, zoals ik elders in dit boek uitgebreid bespreek.

Ikzelf was maar één dag aanwezig op het seminar, maar Max was er allebei de dagen. Bij de workshop met cases zat hij aan tafel met onder anderen Charlie Whiting en Gary Connelly. Hij deed mee met de gesprekken over de te nemen beslissingen. Aan het slot van het seminar reflecteerde hij op zijn taakstraf in het algemeen: 'Wij doen ons werk op de baan, proberen het beste uit de race te halen, en het is duidelijk dat de stewards hún werk doen om de beste manier te vinden om tot een eerlijke beslissing te komen. Het is een goede les voor me geweest en ik heb veel geleerd, zowel tijdens mijn dag in Marrakesh, waar ik echt van heb genoten en die me een goed begrip van de stewards heeft gegeven, als nu hier. Ik denk dat het goed is om deel uit te maken van dit evenement.'

Het zal bij Max niet de aard van het beestje hebben veranderd, maar hij heeft er wel een beter inzicht door verkregen. En inzicht is fijne bagage. Want als je weet hoe lastig het is om bepaalde beslissingen te nemen en welke details soms de doorslag geven, dan kun je met die details rekening houden en daar je voordeel mee doen.

Afscheid van Niki Lauda

Op 21 mei 2019 kreeg de wereld te horen dat Niki Lauda op zeventigjarige leeftijd was overleden. De Oostenrijker was natuurlijk zeer belangrijk geweest in de wereld van de Formule 1. Hij had twee actieve periodes als coureur, van 1971 tot en met 1979 en van 1982 tot en met 1985, en hij pakte wereldtitels in 1975, 1977 en na zijn terugkeer ook nog in 1984.

Velen die hem niet meemaakten leerden hem later kennen door de film *Rush* uit 2013. Als je die nog nooit gezien hebt: een absolute aanrader. Toen ik Lauda een keer interviewde riep hij zelf dat hij heel blij was met die film, want er waren nu ook jongedames op straat die hem aanspraken. Vóór die film herkenden ze hem niet.

Het belangrijkste moment in Lauda's leven was zijn ongeluk op de Nürburgring in 1976. Vlak voor de bocht Bergwerk ging het allemaal fout. Hij spinde eraf in zijn Ferrari en raakte de vangrail, waardoor hij, inmiddels in vlammen, terug de baan op tolde. De achteropkomende Brett Lunger kon hem niet ontwijken en reed vol op hem in, maar hij stapte ook direct uit om te helpen, net als Arturo Merzario, Harald Ertl en Guy Edwards. Het was uiteindelijk Merzario die Lauda's veiligheidsriemen los wist te krijgen en de Oostenrijker uit zijn auto trok. Later in een interview voor de BBC zei Niki Lauda daar zelf over: 'Er waren eigenlijk twee of drie coureurs die me uit de auto probeerden te krijgen, maar één daarvan was Arturo Merzario, de Italiaan, die daar ook ter plekke moest stoppen omdat ik de baan blokkeerde. En hij kwam echt zelf de auto in, maakte mijn veiligheidsgordel los en trok me er toen uit. Het was ongelofelijk dat hij dat kon doen, en ik kwam hem naderhand tegen en zei: "Hoe kon je dat doen?" Hij zei: "Eerlijk gezegd weet ik het niet, maar het was zo moeilijk om je gordel te openen omdat je er zo hard tegen duwde en toen hij open was, haalde ik je uit de auto als een veertje..."' Lauda maakte later uit die woorden op dat er zeer bijzondere en geheime krachten geweest waren die hem uit dat wrak hadden gehaald.

Hoewel iedereen dacht dat de carrière van Lauda vanwege zijn heftige verwondingen wel voorbij was, zat hij zes weken later tijdens de Grand Prix van Italië gewoon weer achter het stuur van de Ferrari. Bij de laatste Grand Prix van dat jaar, die in Japan, gaf Lauda het na twee ronden op. Door de stromende regen en vanwege zijn beschadigde traanbuizen kon hij niks meer zien. James Hunt reed de race wel uit en pakte met zijn derde plaats vier punten, zodat hij er met één punt verschil ten opzichte van Lauda met de wereldtitel vandoor ging.

In 1985 reed Niki Lauda zijn laatste wedstrijd. Zijn laatste overwinning was de Grote Prijs van Nederland op Zandvoort in datzelfde jaar, met Alain Prost en Ayrton Senna als nummer twee en drie. Voor mij was het een van de eerste keren dat ik aanwezig was als speaker, maar ik heb Lauda toen niet ontmoet. In de loop der jaren sprak ik hem wel een aantal keer en leerde een kalme en pragmatische man kennen. In Japan zouden Jack en ik met Lauda een 'True or False' opnemen, waarbij we vragen stelden waar alleen met ja of nee op geantwoord mocht worden. Van tevoren gaven we geïnterviewden altijd een rode kaart, die ze één keer mochten inzetten als ze op een vraag geen antwoord wilden geven. 'Nee, die heb ik niet nodig,' zei Niki. Hij gaf de rode kaart terug en beantwoordde gewoon alle vragen die wij hadden.

Niki Lauda had ook na zijn loopbaan als rijder een interessante en veelzijdige carrière, zowel in de racerij als erbuiten. Hij werd in 1993 door teambaas Luca di Montezemolo bij Ferrari binnengehaald als adviseur. Wat hij lastig vond was dat ze wilden dat hij teamkleding aandeed. Dat huwelijk is maar van korte duur geweest.

In 2001 kwam Lauda zelf aan het roer te staan bij het team van Jaguar. Dat was ooit van Jackie Stewart geweest, die het in 1999 verkocht aan Ford. Ford gebruikte Jaguar als luxemerk en wilde de Formule 1 inzetten om dat te promoten. De resultaten bleven echter uit, ook met Lauda als teambaas, die eind 2002 samen met zeventig collega's ontslagen werd. Het team bestond nog twee jaar maar kwam niet verder dan een zevende plaats bij de constructeurs, waarna Ford het verkocht aan Red Bull. Ziedaar de geboorte van Red Bull Racing.

In september 2012 keerde Lauda terug in de Formule 1, officieel als *non-executive director* bij het team van Mercedes. Hij werd dus geen teambaas, dat was de rol van Ross Brawn, maar wel voorzitter, mededirecteur en aandeelhouder met tien procent. Diezelfde maand nog gaf hij het laatste zetje aan een belangrijke deal: het contracteren van Lewis Hamilton. Dat lag nou niet bepaald voor de hand. Het team had in de eerste tweeenhalf jaar van zijn bestaan slechts één overwinning behaald met Nico Rosberg, en diens teamgenoot, de teruggekeerde zevenvoudig kampioen Michael Schumacher, kwam in die periode tot maar één podiumplaats. Ter vergelijking: bij McLaren won Hamilton in diezelfde tweeënhalf jaar acht wedstrijden.

Sommige mensen kennen Niki Lauda misschien ook nog van het feit dat hij eigenaar was van Lauda Air. Dat is een bijzonder verhaal. Lauda Air was geen grote maatschappij – Niki Lauda vloog regelmatig zelf met de vliegtuigen – maar in 1991 was daar vlucht 004 van Bangkok naar Wenen, die een kwartier na opstijgen neerstortte. Door een storing was de straalomkeerder* van een van de motoren geactiveerd, waardoor de Boeing 767 kantelde en met een noodgang naar beneden dook. Het toestel brak in de lucht uiteen en 213 passagiers en tien bemanningsleden lieten helaas het leven.

Wat ik heel bijzonder vond was dat ik op televisie in een aflevering van *Air Crash Investigation* zag dat Lauda als baas van het bedrijf gewoon naar de plek des onheils ging. Hij onderzocht allerlei dingen, hij wilde weten wat er gebeurd was. En dat was naar eigen zeggen niet zozeer omdat hij schuld voelde maar omdat hij wilde zorgen dat de families van de overledenen antwoorden kregen op hun vele vragen.

Het Thaise Aircraft Accident Investigation Commit-

* Een straalomkeerder draait de uitlaat van de motor om zodat de stuwkracht naar voren gaat in plaats van naar achteren. Dit wordt gedaan om extra remkracht te hebben bij een landing of noodstop.

tee vond tijdens het onderzoek de cockpitrecorders, de zwarte dozen en ook de datarecorder met gedetailleerde vluchtgegevens. Die laatste was echter compleet naar de gallemiezen, waardoor er geen complete reconstructie kon plaatsvinden. Er werd weliswaar vastgesteld dat de straalomkeerder was geactiveerd, maar Boeing liet de suggestie bestaan dat dat niet onoverkomelijk hoefde te zijn, en dat zat Lauda niet lekker. Hij vloog naar Seattle en ging naar Boeing, waarover hij in de Engelse krant *The Guardian* uitgebreid vertelde. Lauda: 'Ik vroeg of ik zelf in de simulator mocht vliegen met het toestel zodanig geprogrammeerd zoals zij dachten dat het vliegtuig zich had gedragen. Eerst weigerden ze. Maar ik zei: "Luister, dit was mijn vliegtuig, mijn naam, mijn schade [...], dus laat mij het doen." Ze stemden toe. Ik heb vijftien keer geprobeerd het vliegtuig te redden, maar het was onmogelijk. Het was absoluut duidelijk waarom het vliegtuig was neergestort, maar de juridische afdeling van Boeing zei dat ze geen verklaring kon afleggen. Ze zeiden dat het nog drie maanden zou duren om de juiste bewoording te vinden. Ik vroeg om een persconferentie de volgende dag in Seattle. Ik zei: "Neem een 767, zet daar twee piloten op, zet de omgekeerde stuwkracht in de lucht aan en als hij blijft vliegen, wil ik aan boord zijn. Als jullie er zo zeker van zijn dat mensen met deze vliegtuigen kunnen blijven vliegen zonder gevaar te lopen, laten we het dan doen." Onmiddellijk kwamen ze naar mijn hotel en vertelden me dat ze het niet konden doen. Ik zei: "Oké, geef dan een verklaring af!" En dat deden ze. Dit was de eerste keer in acht maanden dat duidelijk werd gemaakt dat de fabrikant in gebreke was gebleven en niet de exploitant van het vliegtuig.'

In 1999 koos Lauda ervoor om Lauda Air te verkopen, maar in 2003, na zijn Jaguar-avontuur, startte hij weer een luchtvaartmaatschappij. Die heette Niki en acht jaar later verkocht hij ook die weer. In 2016 stapte hij opnieuw in de luchtvaartsector door te investeren in een bestaande chartermaatschappij, die hij Laudamotion noemde. Daarvan verkocht hij in 2018 de meerderheid aan Ryanair, dat 'motion' uit de naam schrapte, zodat er vandaag de dag nog altijd vliegtuigen met de naam Lauda erop rondvliegen.

Niki Lauda was ook gastcommentator op televisie bij het Duitse RTL. Dat deed hij al vanaf 1996 en hij ging er tot 2017 mee door. Hij had niet alleen veel kennis van de sport, hij was ook heel direct in zijn analyses, wat hem nóg populairder maakte in Duitsland en Oostenrijk. Het was grappig dat hij toen Max Verstappen in de Formule 1 kwam aan de ene kant een groot criticaster was en aan de andere kant zijn grootste bewonderaar. De ene week kon hij roepen: 'Deze jongen is van een andere planeet. Zo goed heb ik ze zelden gezien.' En een week later riep hij weer: 'Die Verstappen moet naar een psychiatrische inrichting.'

Niki Lauda was de laatste paar jaar toch wel regelmatig ziek. Bij het ongeluk in 1976 waren zijn longen beschadigd door de giftige gassen die vrijkwamen. In augustus 2018 kreeg hij acute ademhalingsproblemen, waarna hij een dubbele longtransplantatie moest ondergaan. Hij herstelde daarvan maar in de eerste week van 2019 lag hij weer tien dagen in het ziekenhuis met griep. Hij was er bij de start van het seizoen ook niet bij. Begin mei werd hij opgenomen in het universiteitsziekenhuis van Zürich om behandeld te worden aan zijn nieren, die ook getransplanteerd waren. In de nacht van 19 op 20 mei overleed hij daar uiteindelijk in zijn slaap, te midden van zijn familie.

Op de ochtend van de Grand Prix van Monaco bracht Mercedes een groot eerbetoon aan Niki Lauda. Iedereen droeg de rode pet die hem kenmerkte. Lewis Hamilton had last minute een helm laten maken die een soort replica was van de helm van Lauda en reed daarmee. In de gang naar de pitboxen, waar de headsets en radio's hingen voor alle teamleden, hing Mercedes de headset van Niki Lauda op. Het team maakte bekend dat die daar permanent zou blijven hangen. De auto's zelf kregen voor één keer een rode halo, en van alle kleine Mercedes-sterren op de auto werd één ster rood gekleurd. En ook die ster zal daar altijd blijven staan, als prachtig eerbetoon aan de grote Niki Lauda.

Teamgenoot zijn van Max Verstappen

Het moment dat ik Pierre Gasly echt een beetje leerde kennen was in mei 2019, na de Spaanse Grand Prix en voor die van Monaco. Ik was bij de Jumbo Racedagen op het circuit van Zandvoort, waar Max Verstappen en Pierre Gasly demonstraties gaven met de Red Bull-Formule 1-auto. Tussen de dingen die ik in het programma deed waren er momenten dat ik even moest wachten en met iemand kon babbelen. Wat me daar nog van bijstaat is dat Pierre een heel relaxte gast was en dat hij enorm verbaasd was dat de aanwezige Nederlandse fans, zo'n negentig- tot honderdduizend per dag, hem met respect behandelden. Hoewel ze natuurlijk vooral voor Max kwamen vroegen ze hem ook om handtekeningen en gaven ze hem óók opgestoken duimpjes en applaus toen hij het podium op gehaald werd. Dat was de jaren daarvoor al een beetje zo gegroeid toen Daniel Ricciardo erbij was en het evenement nog de Max Verstappen-dagen heette. Ik zei toen dat we Ricciardo als Nederlanders met evenveel respect moesten behandelen. Deze keer kon Pierre die instelling erg waarderen.

Ik babbelde ook even met hem over de wintertest

voorafgaand aan het seizoen, waar hij tot twee keer toe een redelijke crash meemaakte. Hij vertelde dat hij daar toch wel twee keer een nacht heel slecht van had geslapen. Vooral de tweede keer was een probleem, omdat ze niet zo ruim in de onderdelen zaten. Omdat er zelfs geen nieuwe versnellingsbak en vloer gereed waren kon Max, die na Pierre met dezelfde auto zou rijden, de test niet helemaal afmaken. De productielijn van Red Bull heeft flink wat last van die crash gehad.

Ik merkte toen dat Pierre enorm zachtaardig is, een lieve jongen die zwaar oké was. Maar lieve jongens die zwaar oké zijn worden nooit wereldkampioen. Ik heb vanaf het moment dat hij bij Red Bull Racing kwam nooit het idee gehad dat hij Max het leven heel zuur kon maken. En toen hij daarna in de Grand Prix van Hongarije op een ronde gezet werd door Max was dat zeker niet fijn voor de Fransman. De optelsom van incidenten en het grote verschil met zijn teamgenoot resulteerden erin dat hij na de zomerstop werd teruggezet naar Toro Rosso, dat nu AlphaTauri heet.

Teambaas Christian Horner lichtte bij de hervatting van het seizoen met de Belgische Grand Prix toe waarom Gasly was gedegradeerd en waarom Alex Albon zijn vervanger werd. Tegen onze Britse collega's van Sky zei hij daarover: 'Hongarije was frustrerend, de week ervoor [in Duitsland] was frustrerend en als je naar de puntentabel kijkt, voelde het gewoon als Ferrari. We hebben een auto die in staat is om de strijd met hen [Mercedes] aan te gaan in het constructeurskampioenschap, en we zijn niet in staat om dat te benutten.' Ook wij, de media, hadden volgens Horner bijgedragen aan het probleem. Hij zei daarover: 'De druk op Pierre werd door jullie jongens ook onvermijdelijk opgebouwd en

Red Bull zit in een unieke positie met de vier cockpits die het heeft. En we zijn in staat om daarmee te schuiven.'

Horner gaf aan dat het voor Pierres ontwikkeling beter zou zijn om in de minder onder druk staande omgeving van Toro Rosso te opereren. En als je ziet dat hij een jaar later heel knap zijn eerste zege pakte op Monza, dan is de wissel halverwege 2019 misschien wel de juiste move geweest voor beide partijen.

Met Pierre eruit mocht Alexander Albon in de RB15 stappen, waarmee een terugkeer van Daniil Kvyat naar Red Bulls hoofdteam van de baan was. Horner legde het diplomatiek uit: ze wisten genoeg over de capaciteiten van Kvyat en wilden de drieëntwintigjarige Britse Thai graag een kans geven. Die reed op dat moment pas een halfjaar Formule 1 bij Toro Rosso, waar hij zijn debuut had gemaakt na zijn promotie als nummer drie van het Formule 2-kampioenschap. Pas bij de wintertest in Barcelona reed hij voor het eerst in een Formule 1-auto en het begon niet helemaal fantastisch aangezien hij met koude banden van de baan af spinde.

Albons eerste seizoenshelft als rookie was redelijk en omdat Helmut Marko liever hem dan Daniil Kvyat een kans gaf, mocht hij het proberen als nieuwe teamgenoot van Max Verstappen. Wat ik eigenlijk verwachtte van zo'n jongen was dat hij vierde plaatsen aan elkaar ging rijgen, want dat is wat je in de tweede auto van Red Bull moet doen. Vanaf de Grand Prix van Rusland scoorde hij een vijfde plaats, een vierde plaats en weer twee vijfde plaatsen, waarmee het er een beetje op begon te lijken. In Brazilië lag hij zelfs even op podiumkoers, maar een aanrijding met Hamilton, die daarvoor bestraft werd, wierp hem terug naar plek veertien.

Ook 2020 begon niet zoals de Britse Thai gewild had. Hij had in Oostenrijk voor de overwinning kunnen gaan maar liet zich piepelen door Lewis Hamilton en eindigde als dertiende. In Hongarije kwalificeerde hij zich vervolgens als dertiende en in Engeland als twaalfde. Dat was onvoldoende en je voelde dat de druk zich al een beetje begon op te bouwen.

Het idee achter de tweede Red Bull-auto is dat die op de staart van Verstappen rijdt. Als er daarbij een gat valt van drie of vier seconden, is dat niet erg. Als het dertig of veertig seconden wordt, begint het wel pijn te doen. Dan rijd je misschien wel op de goede positie maar niet op de goede manier.

Vanaf de Grand Prix van Spanje, half augustus, begon het wat meer te rommelen. Hoelang zou het zo doorgaan met Albon, dat was een steeds terugkerende vraag. Hem werd de hand boven het hoofd gehouden door Helmut Marko en Christian Horner, maar het overtuigde onvoldoende.

In de Toscaanse Grand Prix pakte Albon zijn eerste podium. Dat was natuurlijk prima; het was een wedstrijd waarin Verstappen uitgevallen was en dan móét je die plek hebben. Ook in Bahrein pakte hij de derde beker door keurig achter Hamilton en Verstappen te finishen. Hij kon het op momenten dus wel, maar liet het te weinig zien. Om een echte bijdrage te leveren aan het constructeurskampioenschap moet je in de tweede Red Bull op een dag dat Verstappen Bottas in kan halen zelf óók langs Bottas gaan.

In de loop van het seizoen bleek dat Red Bull-junior Yuki Tsunoda goed bezig was in de Formule 2 en een superlicentie kon halen als hij daar in de top drie eindigde. Hij zou dan naar AlphaTauri gaan, waarmee een terugkeer van Albon naar dat team geen optie meer was. De stoel zou uiteindelijk inderdaad naar de Japanner gaan en Albon moest plaatsmaken voor Sergio Pérez. Wel is hij aangebleven als test- en reservecoureur.

Zoals ik al zei: aardige en lieve jongens in de Formule 1 worden geen kampioen. Er zijn wat uitzonderingen. Jenson Button was een aardige jongen en Damon Hill ook. Maar daarna moet ik heel diep nadenken, want de meeste kampioenen zijn gewoon teringlijers. En dat moet je ook zijn om het zo ver te schoppen. Coulthard was een aardige jongen en is nooit wereldkampioen geworden. Mark Webber was aardig en is nooit wereldkampioen geworden. Oké, Vettel is een aardige jongen máár tegelijk is hij een enorme teringlijer als het nodig is. Daniel Ricciardo is heel aardig, maar hem zie ik nooit wereldkampioen worden. Charles Leclerc is niet altijd even vriendelijk en die kan wereldkampioen worden. Max idem dito. Die kunnen hun schouders ophalen over de meningen van anderen en hebben er geen behoefte aan dat mensen hun fouten met de mantel der liefde bedekken. Die weten zelf donders goed wanneer ze een fout maken. Ze leren ervan, en gaan weer verder. Take it or leave it is hun mentaliteit, en ik vind het prachtig.

Alexander Albon zal niet snel met zijn vuist op tafel slaan en lijkt een beetje een binnenvetter. Als hij bij Jack in het vierkantje aankwam, kon je meer dan eens aan zijn lichaamstaal zien dat hij dacht: goh, hoe ga ik dit nu weer uitleggen? Ik denk dat die nieuwe plek en zijn nieuwe avontuur in de DTM met een Red Bull-Ferrari misschien wel goed voor hem zijn. Hij is een man die heel goed auto kan rijden, maar hij is bot gezegd niks speciaals. En dat is in een topauto als de Red Bull-Formule 1 niet goed genoeg.

Leuke fans, rare fans

De Formule 1-wedstrijden worden tegenwoordig in Nederland vaker door anderhalf miljoen mensen bekeken dan door vijf- of zeshonderdduizend man, zoals vroeger het geval was. We hebben namelijk een Nederlander, Max Verstappen, die podiums rijdt, wedstrijden wint en spectaculair is. In het eerste jaar van Max zijn Formule 1-carrière was de groei in kijkers misschien nog niet zo significant, maar de laatste jaren is er toch een heel duidelijke stijging. Sterker nog: tijdens het coronajaar, waarin we maar zeventien wedstrijden hadden, keken er in ons land maar liefst achtentwintig procent meer mensen naar de Formule 1 dan in het jaar ervoor. Dat is op zich best bijzonder te noemen.

En dus gebeurt het ook vaker dat je als F1-persoonlijkheid herkend wordt op straat. In mijn geval wat minder omdat ik in Spanje woon, maar in Nederland heb ik dat wel degelijk. Het begint al bij de douane op Schiphol als ik weer eens wegvlieg. 'Hé, waar ga je nu weer naartoe?' hoor ik dan. En als ik weer terugkom, roepen ze ook vaak iets. Dat is eigenlijk al jaren zo, maar wat opvalt is dat fans meer moeite hebben om een gesprek aan te knopen dan vroeger. Misschien heeft het te maken met de manier van communiceren op social media. Toch heb ik niet het gevoel dat ik moeilijk benaderbaar ben. Als je op mij af komt lopen en zegt: 'Hé Olav, mag ik je wat vragen?', dan zeg ik: 'Ja, natuurlijk.' Maar bij die eerste poging tot contact gaat het niet altijd meer zo.

Om je een idee te geven: we reden terug van de Grand Prix op Hockenheim in 2019 en stopten op de snelweg die naar Venlo leidt bij het laatste tankstation voor de grens voor een bakkie koffie. Toen we uitstapten kwam er een man onze kant op die een beetje draalde. Het leek alsof hij nog even over zijn openingszin nadacht en het enige wat uit zijn mond kwam was: 'Ben jij ook onderweg naar Nederland?'

'Wat denk je zelf?' was mijn antwoord. We reden in een auto met Nederlands kenteken, hadden onze Ziggo-shirts nog aan en stonden langs de snelweg naar Nederland. Ik voegde er nog aan toe: 'Nee, we zijn onderweg naar Hamburg, want daar schijn je heel goeie hamburgers te kunnen eten.' Misschien klinkt het wat flauw, maar dat is wat er dan in mij opkomt.

Een dieptepunt waarop mijn reactie niet de chicste was volgde in het Best Western Hotel in Monza, ten tijde van de Grand Prix van Italië. We waren net klaar met inchecken en stonden bij een bankje in de lobby te overleggen of we daar of op de kamer een Europese wedstrijd van Ajax zouden gaan kijken. In mijn ooghoek zag ik een Nederlandse man die wat leek te aarzelen. Toen hij er klaar voor was kwam hij op ons af, en het eerste wat hij zei was: 'Gaan jullie ook met de tram naar het circuit?' Ik was twee seconden stil en floepte er toen op dezelfde toon uit: 'Heeft u toen u thuis wegging uw hersenen achtergelaten of zo?' Er is geen tram in Monza, dus ik had geen idee waar die man dat vandaan haalde. Hij leek wat terneergeslagen door mijn iets te harde wedervraag, maar het was nu eenmaal gebeurd.

Op een tankstation was er een keer een man die in het voorbijgaan alleen maar riep: 'Vet hè?' Dan denk ik: waar gaat dit over? Heb ik goed getankt? Vind hij dat ik een mooie auto heb? Mensen hopen blijkbaar dat je meteen begrijpt waar ze het over hebben. In het verleden, toen Jos nog Formule 1 reed, gebeurde het me weleens dat mensen alleen maar op een soort carnavaleske manier riepen: 'Verstappééén!' en meer niet.

Soms doen fans ook gewoon heel raar. Ik dronk in Calpe koffie met Erik Houben op het terras van mijn dochters snackbar. Ik was aan het woord, maar Erik was afgeleid en keek achter mij. Midden in een grote struik vlak achter ons tafeltje stond een volwassen man met een glimlach en zijn duim omhoog. Wat bleek? Zijn vrouw was een paar meter verderop stiekem een foto van hem en mij aan het maken. En nu was hij betrapt, waar we allemaal wel om konden lachen. Maar tegelijk was het natuurlijk heel vreemd.

Mensen vragen me als ik ergens in de rij sta weleens: 'Ben jij niet Olav Mol, die Formule 1-verslaggever?' Ik antwoord dan regelmatig: 'Nee, er zijn heel veel mensen die dat denken, maar ik ben het niet.' De wat jongere fan zegt dan nog weleens: 'Ja, dat dacht ik al, maar je lijkt er wel heel erg op.'

Het zijn overigens vaak juist jongeren – dan praat ik over zeventien, achttien, negentien jaar – die in een restaurant gewoon bij je tafel komen staan en netjes vragen: 'Sorry dat ik stoor, mag ik je zo even wat vragen als je aan de koffie zit?' Dat vind ik wel prettig. Zo hoort het, en zo kán het ook. Ook heb ik een zwak voor vaders met kids die bijvoorbeeld wat willen met een foto. Die jonge ventjes én meisjes zijn de toekomstige fans van onze sport.

Ik snap ook wel dat het voor mensen lastig is. Ze zien de romantiek van de wereld waarin wij leven, tussen de Lewis Hamiltons en de Fernando Alonso's. En dan denken ze soms dat wij ook wereldsterren zijn, maar dat klopt natuurlijk niet. Ik zie mijn Formule 1-werk als werk. Het is heel leuk werk, prachtig werk zelfs, en iemand moet het doen, weet je? Ik snap ook dat er bij die anderhalf miljoen en soms zelfs meer dan twee miljoen kijkers een hoop zijn die echt niet op mij zitten te wachten. Maar ze zullen het met mij moeten doen, want ik zit in dat hok en dat is het.

Laat ik nog even een kleine tip meegeven. Als je me ziet en gewoon iets wilt vragen en roept: 'Hoi Olav, hoe is het? Mag ik je wat vragen?', dan zal het negenennegentig van de honderd keer prima zijn. Maar als je alleen iets roept als 'Vet hè?', dan zal ik doen alsof ik achterlijk ben.

Contractverlenging voor Max Verstappen

Het kalenderjaar 2020 was amper zeven dagen oud toen er groot nieuws kwam. Normaal gesproken gebeurt er in de winter weinig spectaculairs in de wereld der Formule 1, maar nu werd verrassend genoeg bekendgemaakt dat Max Verstappen en Red Bull Racing een nieuw contract getekend hadden. De Nederlander had zijn handtekening gezet onder een verbintenis tot en met het seizoen van 2023. De lopende deal liep tot het einde van 2020 en dus braken ze die open voor een verlenging van drie jaar.

Max schreef er zelf over op zijn Twitter: 'Heel trots en blij dat Red Bull Racing mijn thuis zal blijven tot 2023. We zijn deze reis samen begonnen en ze hebben me vanaf dag één gesteund. Ik wil winnen met Red Bull en Honda Racing, ons doel is om samen voor een wereldkampioenschap te vechten. Het beste moet nog gaan komen! #YesBoys'

Hij kwam toen uit het seizoen 2019, dat het beste uit zijn carrière geweest was. Hij won drie wedstrijden in Oostenrijk, Duitsland en Brazilië, en hij werd derde in het kampioenschap. Er zat natuurlijk wel het een en ander achter de beslissing van manager Raymond Vermeulen, Red Bull en Verstappen zelf om deze deal te maken. Er was in die periode nog heel veel gedoe over 2021 omdat dan een aantal rijderscontracten zouden aflopen. Helder was dat Ferrari vlak voor Kerstmis het contract van Charles Leclerc verlengd had tot maar liefst 2024, wat voor de Formule 1 best wel lang te noemen is. Ik denk dat Max met zíjn verlenging gewoon wilde aangeven: ik vind dat ik hier het beste zit en een eventuele plek bij Mercedes lijkt voorlopig bezet te zijn door Lewis Hamilton. En die twee samen daar, dat zal ook niet snel gebeuren.

Het was meteen helder dat Red Bull Verstappen harder nodig had dan andersom. Hij werd door steeds meer mensen gezien als de sterkste tegenstander van Lewis Hamilton, waarvoor het team geen gelijkwaardig alternatief zou kunnen vinden. Twee weken voor het bekend worden van de contractverlenging liet Horner al door de website van de Formule 1 optekenen: 'Ik denk dat Max dit jaar echt volwassen is geworden. Hij is de leider van het team. Ik denk dat hij die rol op zich heeft genomen [na het vertrek van Daniel Ricciardo] met een groot verantwoordelijkheidsgevoel. Voor mij is Max de meest complete rijder in de Formule 1. De vorm die hij het hele jaar heeft laten zien is echt van een ander niveau.' Ook liet Horner weten dat Red Bull het vertrouwen had dat Max met het juiste gereedschap Mercedes en Lewis Hamilton kon aanvallen. Met het oog op de technische veranderingen die eraan zaten te komen in 2021 (wat 2022 werd) nam Max op zijn beurt de gok dat hij met Red Bull en Honda beter af zou zijn. En voor Red Bull zelf gold dat als ze Verstappen voor meerdere jaren konden vastleggen, ze een extra argument hadden om Honda ervan te overtuigen in de Formule 1 te blijven. Max was namelijk bijzonder positief over Honda, onder andere omdat de leverancier enorm veel oog voor detail had. En de jarenlange misère die Max met Renault had ervaren was nu voorbij. De Japanners waren op hun beurt altijd heel blij geweest met de directe benadering van Verstappen.

In theorie had Max natuurlijk heel veel keuze gehad als hij gewacht had totdat eind 2020 zijn contract afliep. Raymond Vermeulen zegt weleens: 'Je moet eind augustus of begin september weten wat je deal is voor het jaar daarna. Anders wordt het window te klein en heb je te weinig ruimte om nog iets goeds te organiseren.' Mercedes en Ferrari zouden eind 2020 ook een stoel beschikbaar hebben omdat de contracten van Hamilton en Vettel daar afliepen. Het is geen geheim dat Mercedes Verstappen al aan het begin van zijn carrière graag wilde hebben, maar op dit moment was duidelijk dat het team verder zou gaan met de – toen nog – zesvoudig wereldkampioen Lewis Hamilton. En de link tussen Verstappen en Ferrari is eigenlijk nooit heel goed geweest. Nog voor zijn Formule 1-debuut deed hij in 2014 mee met een winterkampioenschap in Florida dat door de Ferrari Driver Academy gerund werd. Ik heb begrepen dat daar het een en ander is gebeurd, onder andere omdat de motoren van Max niet altijd even goed waren afgesteld. Ferrari was daar ook met zijn eigen juniorrijders, bij wie het allemaal ietsjes beter geregeld leek.

Alle andere teams naast Mercedes en Ferrari zouden een stap terug betekenen voor Max, dus de keuze voor een langer verblijf bij Red Bull was al met al een logische. Een belangrijk gegeven is daarbij dat een driejarige deal een écht commitment is van twee kanten. Zoiets geeft rust, kalmte en bovendien de tijd om een automotorcombinatie te bouwen waarmee Max kan strijden voor overwinningen en een kampioenschap. Dat is waar het uiteindelijk om draait.

Helmut Marko heeft weleens gezegd: 'Het valt echt niet mee om met de Verstappen BV een deal te sluiten, maar één ding is zeker: áls je een deal hebt, dan zijn ze loyaal. Ze zullen niet zo heel snel onder die deal vandaan springen.' Dat neemt uiteraard niet weg dat er in rijderscontracten, die niet openbaar zijn, clausules staan waarmee dat in principe wel zou kunnen. Als heel extreem scenario: Red Bull maakt een auto die niet verder kan komen dan een zevende of achtste plaats en nooit kans maakt op een podium of overwinning. Als je dan in je contract hebt staan dat de auto een x-aantal keer het podium moet halen, dan kun je weg omdat er niet geleverd wordt door het team.

Ik ken het contract van Max niet, maar weet wel dat hij met zijn status zulke clausules kan afdwingen. Iedereen in het team weet dat hij altijd het maximale uit de auto zal halen. En dat is tegelijk een belangrijke motivatie voor de negenhonderd mensen die samen Red Bull Racing vormen.

Het nieuwe contract van Max was rond voordat de wintertests begonnen, waarmee er rust in de tent kwam. En dat was heel belangrijk. Er waren heel wat mensen die in de moeilijke periode met Renault riepen dat hij moest vertrekken. En ook toen er met Honda nog te weinig vermogen was zeiden er veel: zie je wel, hij moet nu naar Ferrari of naar Mercedes. Alleen zijn die dingen niet zo makkelijk, en persoonlijk denk ik dat de keuze van Max een heel goede is geweest. Samen met Jos en Raymond dacht hij: als we een commitment aangaan, dan groeien we in de komende jaren ook samen naar dat wereldkampioenschap toe. Max zelf leek nooit zo bezig met het feit dat hij de jongste wereldkampioen ooit kan worden. Hij moet de titel binnenhalen, dat is de missie, en wanneer is van ondergeschikt belang.

Lockdown in Spanje

We hadden de wintertests gehad, waaruit al duidelijk bleek dat Ferrari te weinig snelheid had. Eerst dachten we nog dat ze misschien met volle benzinetanks reden om hun ware snelheid te verhullen. Laat op de middag van de laatste testdag hoorden we dat Ferrari en de FIA een deal hadden gesloten, maar wat die deal precies inhield bleef geheim. Een gevolg ervan was in elk geval dat Ferrari zijn motoren had moeten terugschroeven voor 2020, zodat ook de klantenteams Alfa Romeo en Haas het met minder vermogen moesten doen. En om dat vermogen werd de Ferrari-motor nou juist zo geprezen. De teams konden via gps zien dat de Ferrari op rechte stukken af en toe een piekje in het vermogen had. Een van de theorieën was dat er voorbij de *fuel flow meter* een slang zat met hardere en zachtere delen. Het zachte deel zou als een soort ballonnetje opgeblazen worden zodat er soms meer brandstof kon worden gebruikt dan was toegestaan.

Het was 10 maart, de dinsdag voor de Grand Prix van Australië. We hadden bij deze eerste wedstrijd van het seizoen besloten om een andere route te nemen dan normaal. Doorgaans vlogen we via Maleisië, waar je 's middags aankwam. Na een aantal uur ontspannen en wat eten bij een hotelzwembad vlogen we dan om tien uur 's avonds door naar Australië. Zo maakte je eigenlijk twee keer een nachtvlucht met in totaal een wat langere reisduur. Je kwam echter wel relaxter aan in Australië, dat met tien uur toch een megagroot tijdsverschil heeft.

Deze keer besloten we om met het grootste vliegtuig te gaan, een Airbus A380 van Emirates met twee verdiepingen, want dat leek ons weleens leuk. Als je echter ín dat vliegtuig zit, dan zit je gewoon in een vliegtuig, dus het was helemaal niet zo spectaculair als we dachten. Het bracht ons van Amsterdam naar Dubai, en na een tussenstop aldaar reisden we door naar Melbourne. We hadden gelezen dat er in het vliegtuig een bar zou zijn, dus die zochten we op. Oké, de bar was inderdaad een bar, maar hij was niet groter dan een portakabin van drie bij vijf. Het was meer dat je even wat kon doen, tijdens een vlucht die alles bij elkaar meer dan een etmaal duurt.

In Melbourne aangekomen betrokken we zoals altijd het relaxte hotel Bayview On The Park. Het is een ouderwets hotel uit de tachtiger jaren en ligt pal aan het circuit Albert Park, wat het voor ons lekker efficiënt maakt. Ze hebben een eigen restaurant en een prima barretje, en ze hebben er ook *bar food*. Je kunt er 's avonds gewoon een tosti eten, wat ik fijn vind, want ik ben niet zo van het zwaar tafelen aan het eind van de dag.

In Australië gaan we ook altijd naar Rockpool. Dat is een vleesrestaurant in het grote hotel The Crown, waaronder ook nog een gigantisch casino zit. En waarom willen wij daar altijd eten? Bij Rockpool kun je wáánzinnig lekker vlees krijgen, al kost dat omgerekend wel zo'n tachtig euro per persoon. Je kunt steaks kiezen van twaalf jaar oud, maar ook van twintig jaar oud. Dat vlees zie je in grote kasten hangen, waar het in zout en op een gecontroleerde temperatuur wordt bewaard. In een Formule 1-seizoen doen we zoiets twee of drie keer, bijvoorbeeld in Bahrein, waar we ook vaak hetzelfde restaurant bezoeken. Omdat je hele séjour, de vergoeding die je van het productiebedrijf krijgt om op locatie te eten en te drinken, er op zo'n avond doorheen kan gaan, dienen we geen bonnen in maar betalen we zelf.

Bij Rockpool is de rekening dan wel vrij fors, maar het is elke cent waard. En het is ook wel de plek waar iedereen komt eten. Regelmatig hebben we Lewis Hamilton zien eten, en de familie Stroll, en ook de Verstappens. Die verblijven vaak in The Crown, het meest luxe hotel dat daar te vinden is.

Op donderdag reden we naar het circuit. Er ging toen al wel het nieuws rond dat er een virus in China was dat corona heette, maar hoe en wat precies was niet duidelijk. Het allereerste signaal dat wij kregen vanuit het paddock was dat er iemand bij McLaren besmet was. Een uur later waren dat vijf mannen. Toen begon in het paddock de geruchtenmolen te draaien. We vroegen ons af: wat is dit? Wat kunnen we? Uiteindelijk zei McLaren tegen de FOM en de FIA dat als er meer mensen besmet raakten, het team waarschijnlijk niet deel kon nemen. Er waren een paar andere teams die er qua snelheid niet zo goed voor stonden en dus dachten: aha, het zou misschien wel handig zijn als het niet doorgaat. En toen begon het politiek spel van teams die wél wilden en teams die niet wilden. Een aantal vergaderingen volgde, waarvan we de inhoud niet maar de uitkomst wel weten: de wedstrijd werd gecanceld. Toen restte nog de vraag: wíé cancelt de race, de Formule 1 of de Australische organisator van de Grand Prix? Dat had uiteraard weer juridische en daarmee financiële gevolgen. Anders gezegd: wie gaat het bonnetje betalen? Een urenlange stilte volgde en aan het einde van de donderdag waren er geluiden dat er vrijdagmorgen een beslissing zou worden genomen.

De volgende ochtend, die van de vrije trainingen, stond ik op en zette op mijn hotelkamer de televisie aan. Op het lokale Channel 9 stond een reporter voor de poorten van het circuit en zei iets in de trant van: 'De poorten gaan zo open, de fans staan er. Alles is oké, alles is een go, en er is niks aan de hand.' Ik zette een filmpje daarvan op social media en wij dachten: we gaan gewoon naar het circuit.

Aldaar kwamen er al snel geruchten dat Kimi Räikkönen en Sebastian Vettel inmiddels weg waren. Die zouden na een heel late, bijna nachtelijke vergadering al gehoord hebben dat het allemaal niet doorging. Het risico was te groot en de competitie zou scheefgroeien als één team niet mee kon doen vanwege het coronaverhaal. En misschien was het ook wel de dag dat wereldwijd bekend werd hoe groot dat coronaverhaal was. Op het moment dat de vrije trainingen moesten beginnen werd er een persconferentie georganiseerd op het pleintje voor het mediacentrum. Daar stonden Formule 1-baas Chase Carey, FIA-wedstrijdleider Michael Masi en twee bazen van de organisatie van de Australische Grand Prix. Hun boodschap was geen verrassing meer: de Grand Prix was afgeblazen. De eerste vraag was van een Australische journalist, die van de lokale organisatoren wilde weten of het bonnetje bij de Australische belastingbetaler terecht zou komen. Het antwoord was niet concreet. Daarna was ik aan de beurt. Ik vroeg Chase Carey hoe hij de nabije toekomst voor zich zag en of de volgende race in Bahrein door zou gaan. Die stond namelijk een week later op de kalender. De kern van zijn antwoord was: '*It's a fluid situation*', oftewel: alles verandert continu. Een definitief antwoord over Bahrein kon hij gewoon niet geven.

Later die vrijdag werd echter duidelijk dat ook de race daar niet door zou gaan. De daaropvolgende wedstrijd, de eerste Grand Prix van Vietnam, werd eveneens afgelast en de FOM richtte zich nu op een start van het seizoen eind mei in Europa.

De hele Formule 1-wereld, behalve de mensen van McLaren, kon dus eerder dan gepland vanuit Melbourne terug naar huis. Velen probeerden een vlucht te boeken voor de zaterdag of de zondag. Wijzelf gingen gewoon op maandag met de vlucht die we al hadden staan naar Abu Dhabi, waar we dus niet onze geplande vlucht naar Bahrein pakten maar eentje naar Amsterdam. Daar hoorde ik voor het eerst mensen praten over mogelijke lockdowns en dingen die dicht moesten. Voor mijn gevoel zat ik op mijn Transavia-vlucht naar Spanje zo ongeveer in het laatste gangbare vliegtuig dat er was. Het was ook bijna helemaal leeg. Dat had ik nog nooit meegemaakt. Het was alsof iedereen in één keer de handrem had aangetrokken.

Het was natuurlijk wel een koude douche. Teams, rijders en alle andere betrokkenen hadden zich op een nieuw seizoen voorbereid. Wat voor nieuwe dingen zouden we allemaal gaan zien? Wie was er goed? En wie niet? Lag Ferrari inderdaad zo ver achter? We zouden het allemaal voor lange tijd niet weten.

We doken de zogenaamde lockdowns in en Spanje was een van de eerste landen die daar rigoureus in was. Dus in plaats van na Australië een dag of twintig weg te zijn was ik thuis. En thuis betekende in Spanje op dat moment ook serieus thúís. Het was wel grappig wanneer ik Nederlanders hoorde zeggen dat het zo lastig was dat er een aantal dingen niet konden. Toen dacht ik: ja, maar hier kan helemaal níks. Een lockdown in Spanje gaat iets anders dan in Nederland. Wij Nederlanders zijn in zulke situaties veel democratischer dan een hoop andere landen. In Spanje zei de regering zonder dat iemand daar wat tegen in kon brengen: we roepen de noodtoestand uit en het hele land gaat volledig in lockdown. Dat betekende dat alle winkels en horecagelegenheden dicht moesten, behalve de supermarkten, postkantoren, apotheken, tabakswinkels en tankstations.

Het betekende ook dat op de uitvalswegen van steden en dorpen bij alle rotondes politie stond. Toen ik terugkwam uit Australië en van het vliegveld naar huis reed werd ik dus bij het binnenrijden van mijn eigen dorp aangehouden. 'Waar gaat u naartoe?' was de vraag van oom agent.

'Naar huis, ik woon hier.'

'Kunt u dat bewijzen?'

'Ja.'

'Oké, dan mag u door.'

Zo niet, dan kwam je er gewoon niet in.

Ook even op zondag in een dorp verderop een bak koffie halen mocht niet. Hardlopen mocht wel, maar alleen in je eigen straat en nergens anders. De hond uitlaten? Prima, maar in je eigen straat tot honderdvijftig meter van je huis en nergens anders.

En dat duurde tot eind april, waarna er elke week of om de week een versoepeling was. Eerst mochten ouders met kinderen een uurtje per dag naar buiten, daarna mochten mensen weer hardlopen, de winkels gingen weer open en uiteindelijk ook de barretjes en restaurants, zij het met beperkingen. Maar alle hotels in Spanje met meer dan tachtig kamers, en dat zijn er aan de kust heel veel, waren al vanaf half maart dicht en zijn dat op het moment van schrijven, een jaar later, nog steeds. Voor heel veel bedrijven is de situatie dus echt heftig en anders dan in Nederland komt er vanuit de regering nauwelijks economische steun. Als je een restaurant hebt, en dan maakt het niet uit hoe groot het is, kon je na de eerste maanden van de lockdown rekenen op zeshonderd euro, dat was het. Sterkte ermee en veel plezier verder.

De opsluiting betekende dat Jack en ik al vrij snel wisten dat onze theatershow in Nederland geen doorgang zou vinden. We hadden er samen met het productiebedrijf, Hekwerk BV van Youp van 't Hek, voor gekozen om in 2020 minder shows te plannen dan in het voorgaande jaar, maar wel in grotere theaters. Dat hadden we niet bedacht om uit de hoogte te doen maar omdat we zo in de beperkte tijd die we hadden zo veel mogelijk mensen konden bedienen. Er is bijvoorbeeld een theater in Hardenberg waar vierhonderdvijftig man in de zaal kunnen. Nou ben ik hartstikke blij met vierhonderdvijftig mensen in Hardenberg die onze show willen zien, maar de animo was zo groot dat het theater twee voorstellingen plande in één jaar. Dat betekende dat we twee keer naar Hardenberg moesten, wat voor Jack en mij toch telkens weer een lange reis was. De dj Edwin Evers woonde daar en die reed jarenlang op en neer van Hardenberg naar Hilversum, anderhalf uur heen en anderhalf uur terug. Die is wat mij betreft gek geweest. Je gaat bij Zwolle rechtsaf en dan begin je heel paniekerig naar je paspoort te graaien omdat je je afvraagt waar je nu weer bent. Vervolgens is het nog zo'n veertig kilometer op een tweebaansbinnendoorweg voor je in Hardenberg bent.

Wij zochten dus verder naar theaters waar negenhonderd man in konden, zodat we in één keer konden doen wat we veelal in twee keer deden. Dat was althans het plan, maar niet veel later werd het uitstel van onze shows afstel. En dat was nog niet alles, want we kregen ook nog een e-mail van Hekwerk BV, dat de samenwerking wilde opzeggen. De uitleg van directeur Hans Floberg was helder: Youp wil het niet meer.

Wij vroegen ons af hoe dat zat en hoe het verder geregeld moest worden met de theaters, die al veel kaarten hadden verkocht. Dat laatste is gelukkig allemaal netjes opgelost. Mensen kregen hun geld terug of konden hun kaartje bewaren voor een volgende show. Maar de opzegging was wel een rare koude douche. Hekwerk was immers indertijd naar ons toe gekomen omdat het een Formule 1-show wilde doen en onze show was best succesvol geworden. En met wat we aan nieuwe dingen hadden voorbereid geloof ik dat we geheid weer volle zalen hadden getrokken. Ineens bedacht ik me: het is misschien ook wel logisch. In zijn columns kan Youp van 't Hek het immers niet laten om prins Bernhard junior, de eigenaar van het circuit in Zandvoort, weg te zetten als 'maffiose vastgoedprins', 'beruchte pandjesmelker' en 'brilprins'. Het is altijd maar negatief, negatief, negatief. Ik heb hem er zelf niet over gesproken, maar ik ga ervan uit dat een aantal linkse vrienden tegen Youp hebben gezegd: 'Wat ben jij nou voor vent? Je schrijft regelmatig die prins van het circuit de grond in, maar je hebt in de theaters wél wat met Formule 1?' Dat zal hij voor zijn gevoel niet meer hebben kunnen verkopen. Het is zijn goed recht om zo'n beslissing te nemen en er ligt geen oud zeer, maar ik vond het al met al wel wat vreemd. Youp is ook nooit komen kijken, terwijl ik begreep dat hij dat meestal wel deed. Het is alleen maar via zijn bedrijf verlopen, dus hij heeft er wel zijn geld aan verdiend, en dat is prima.

Gelukkig vonden we met onze succesformule vrij snel een andere theaterproducent. En eerlijk is eerlijk, Hekwerks directeur Hans Floberg droeg die aan. De scheiding verliep daarmee in pais en vree. Het plan is dus om de theatershow weer op te starten, maar hoe, wat en wanneer hangt van de Nederlandse overheid af. We hebben wel zitten denken: stel, je hebt een zaal waar zevenhonderd man in kan, mogen er daar dan driehonderdvijftig in met onderling wat afstand? Dan kunnen we op een dag twee shows doen, eentje 's middags om vier uur en eentje 's avonds om acht uur. Maar ook driehonderdvijftig man mocht niet, dus zijn we een beetje het slachtoffer van ons eigen succes geworden. Voor veertig, vijftig, of honderd man optreden is kostentechnisch niet haalbaar, dus wijzelf en ons publiek zullen even geduld moeten hebben.

Tweeënhalve maand heb ik thuisgezeten in een periode dat ik nooit thuis was. Ik heb hier dingen groen zien worden die altijd grauw waren als ik wegging en groen waren als ik terugkwam. Je gaat in zo'n periode nieuwe dingen doen.

Ik heb toen een tweede kinderboek geschreven, samen met Erik Houben. Hij woont weliswaar in hetzelfde dorp als ik, maar was toevallig in Nederland toen alle grenzen op slot gingen en kon pas in juni weer terugrijden. Op afstand bedachten we een tweede verhaal over Snelle Sam, die een week lang thuis moest blijven vanwege de Siberische ijsmug. Hij kon in die week lekker veel op zijn PlayBox spelen.

Dat laatste was in feite uit het leven gegrepen. Met Jack en een aantal echte makkers van nu en vroeger begon ik namelijk te simracen. Dat streamden we live op het internet. Zo deden bijvoorbeeld Gaston Starreveld en Rob van Someren mee, en ook Raymond van Barneveld en Humberto Tan waren gastracers. Het was superleuk om te doen, mede omdat een aantal van de jongens al wat kilometers op echte circuits hadden gemaakt in de verschillende Clio- en Megane-klasses.

Grappig om te zien was dat er ineens veel aandacht voor het virtuele racen kwam. Formule 1 heeft toen zelf een kampioenschap opgezet, waaraan een aantal echte F1-coureurs meededen zoals Charles Leclerc, Carlos Sainz, Lando Norris en George Russell. Die werden aangevuld met bekendheden als wereldkampioen rally Petter Solberg en de voetballers Sergio Aguero en Arthur Melo, en dat alles om de fans dan toch nog íéts aan vermaak te geven.

Een interessante vraag is of de populariteit van het simracen blijvend is als de Formule 1 zijn normale routine weer opstart. En wat gaat de FOM ermee doen? Zou er een blijvend kampioenschap van worden gemaakt? Hoe dan ook heeft de wereld van het simracen een impuls gekregen. Jongens die nog een beetje onder de radar opereerden zijn stukken zichtbaarder geworden. Rudy van Buren, Jarno Opmeer en ook het virtuele Team Redline werden in het voorjaar van 2020 bij veel racefans ineens bekende namen.

Ook voor Max Verstappen was het simracen een oplossing. Hij deed het toch al graag, maar dan vooral buiten het seizoen en wat meer onder de radar. Aan de Virtual GP's van Formule 1 zelf deed hij echter niet mee. Hij speelde het spel thuis nooit, schatte in dat hij dan ook nooit zou kunnen winnen, en vond het daarom niet de moeite waard. Hij deed wel aan heel veel andere wedstrijden mee en de Formule 1-nieuwssites schreven daar dan weer over. 'Max Verstappen tegen Lando Norris op Daytona', kopten ze. Norris was bij die wedstrijden heel grappig en had vaak technische problemen met zijn computer. Met Charles Leclerc konden we lachen omdat hij zijn vriendin had buitengesloten. Ze belde hem op maar hij hoorde zijn telefoon niet omdat hij live in een race zat.

Maar het is niet echt, en ik denk dat dat is wat ervan blijft hangen. Het is een flauwe opmerking maar wel een toepasselijke: het is maar een spelletje. Je hebt niet werkelijk schade als je schade hebt. Je ligt er soms ook niet uit als je crasht. Norris tikte de leidende Max in de Porsche-race op Daytona van de baan maar kon gewoon ongestraft de wedstrijd winnen. En Max kon hoewel hij in de muur was gegaan gewoon verder, zij het met flink wat plekken achterstand. Achteraf konden ze er samen om lachen en ook dát zal in het echt nooit gebeuren.

Het simracen kruiste mijn pad nog op een andere manier. Ik heb in die maanden in Spanje namelijk de officiële Formule 1-game in het Nederlands ingesproken voor Codemasters. Dat heeft mij er ook wel een beetje doorheen geholpen, want het was een behoorlijke klus. Je hebt het over meer dan 4100 audiobestanden, het ene wat kleiner dan het andere. Een file kan bijvoorbeeld zijn: 'Lewis Hamilton.' Audiofile twee: '...en Lewis Hamilton', met een andere intonatie. Audiofile drie: '...en Hamilton.' Zo heb je een hele reeks aan bestanden voor Hamilton, én voor negentien andere coureurs, plus alle Formule 2-coureurs. Ik sprak bijvoorbeeld ook in: 'Hamilton is leider in het kampioenschap', 'Vettel is leider in het kampioenschap', maar dus ook: 'Stroll is leider in het kampioenschap.' Een langere opname is: 'Welkom aan de Noordzeekust op het circuit van Zandvoort, zo'n veertig kilometer van Amsterdam, voor de Grand Prix van Nederland van vandaag. Het is een race die de grote Jim Clark vier keer won, waarbij hij een verbazingwekkend aantal van 370 ronden aan de leiding ging.' Ik kreeg die teksten aangeleverd en moest me daar dus aan houden, maar als iets in het Nederlands echt niet klonk, verbeterde ik het zelf. In een paar teksten zat de naam van voormalig F1-coureur Anthony Davidson, in zijn rol van analist bij de Britse televisie. In de Nederlandstalige versie heb ik die vervangen door Bas Vandamme, de Nederlandse Formule 1-coureur die ook opduikt in de boeken over Snelle Sam.

Wel een leuke gedachte: als ik straks onder de zoden lig en je duwt dat ding in je PlayStation of pc, dan zit mijn stem er nog steeds in. Dus voor mijn kleinkinderen is het best tof.

Vettel in een Mercedes

De Formule 1-wereld heeft de gave om altijd nieuws te genereren, ook als er even niet geracet wordt. Het was 12 mei, ver voor de uitgestelde seizoenstart van 2020, toen bekend werd gemaakt dat de toekomst van Sebastian Vettel na 2020 niet meer bij het team van Ferrari zou liggen. De Duitser zat sinds 2015 bij de Italiaanse renstal, waar hij het had overgenomen van Fernando Alonso. Zijn enige doel op dat moment was het wereldkampioenschap terugbrengen naar Ferrari, wat niet gelukt is. Hij heeft wel een auto gekregen waarmee hij in de top kon rijden, maar een serieuze bedreiging voor Mercedes was hij nooit. Toen Charles Leclerc erbij kwam in 2019 stond Vettel meteen onder druk, en uiteindelijk bleek Leclerc de betere van de twee.

De bekendmaking kwam via een redelijk sober berichtje. Teambaas Mattia Binotto en Sebastian Vettel waren tijdens de winter bezig geweest om te kijken of zij een deal konden sluiten. Binotto heeft in die maanden meer dan eens publiekelijk gezegd dat hij Vettel als eerste keuze zag náást Charles Leclerc. Er gingen echter verhalen rond dat het team Vettel slechts een éénjarige deal wilde aanbieden, iets waar de coureur eigenlijk niet zoveel interesse in had.

Vettel zei er zelf over: 'Mijn relatie met Scuderia Ferrari eindigt aan het eind van 2020.' Dat was nog voordat het seizoen van 2020 begonnen was. Hij vervolgde: 'Wat er de afgelopen maanden is gebeurd heeft velen van ons doen beseffen wat onze echte prioriteiten in het leven zijn', waarmee hij natuurlijk doelde op de coronaperiode. Over het team sprak hij aardige woorden: 'Scuderia Ferrari heeft een speciale plek in mijn hart en ik hoop dat het alle succes krijgt dat het verdient. Ten slotte wil ik de hele Ferrari-familie bedanken en vooral de tifosi over de hele wereld voor de support die ze mij de afgelopen jaren hebben gegeven. Mijn doel is om samen nog meer mooie momenten te beleven tot het einde van mijn lange stint bij Ferrari.' En zo'n mooi moment kreeg hij gelukkig inderdaad nog: de derde plek na de glibberpartij op Istanbul Park.

Daarvóór, midden april speelde de kwestie al een beetje. Er gingen toen geruchten dat Vettel misschien wel geen nieuw contract zou tekenen, en tevens kwamen er berichten dat Ferrari dacht aan Carlos Sainz, Daniel Ricciardo of misschien zelfs Antonio Giovinazzi. Bij Grand Prix Radio hadden we in onze podcast *F1 aan Tafel* op 27 april een gesprek waarin die geruchten aan bod kwamen. Ik heb toen letterlijk geroepen: 'Het zou mij niet verbazen als de familie Sainz zélf een deel van die geruchten heeft gevoed', omdat ik het op dat moment geen reële gedachte vond dat Carlos Sainz klaar was voor zo'n stap. In mijn ogen moest hij altijd heel hard werken om het vereiste niveau te halen. Ik heb ook gezegd dat ik niet wist of Sainz sterk genoeg was voor Ferrari. Hij was sterk op zondagen, maar de dagen daarvoor was hij niet altijd constant.

Met een knipoog zei ik: 'Ik heb niet het idee dat hij even vloeibaar binnenwandelt bij Ferrari om de saus bij de pasta te worden.'

Het probleem was dat een site mijn uitspraken besloot te vertalen in het Engels en mij de quote toedichtte: 'Ik ken die Sainzen en dat doen ze gewoon zelf.' Een kort-door-de-bochtversie, zeg maar, want zo had ik het natuurlijk niet gezegd.

Maar het had wel weer een aardig gevolg. Nog geen twee dagen later, op 30 april om precies te zijn, ging 's middags mijn telefoon, met op het beeldscherm een onbekend Spaans nummer.

Ik pakte hem op: 'Met Olav.'

De andere kant: '*Yes, Olav, it's Carlos Sainz, senior*.'

Oké, El Matador belde mij. Nou ben ik niet zo heel vaak verrast door een telefoontje, maar nu was ik dat toch wél.

Ik zei: 'Hoe is het?'

Het ging goed en hij vroeg of ik Engels of Spaans wilde spreken.

Mijn Spaans is meer dan goed genoeg voor een gezellig praatje, maar Engels leek mij in dit geval nét een tandje makkelijker, lees: veiliger.

Carlos legde uit waarom hij belde: 'Ik lees dat jij gezegd hebt dat wij dit zelf doen.'

Ik zei: 'Nou, daar zit dan weer een nuance in, want het is niet precies vertaald zoals ik het werkelijk gezegd heb.'

'Ja,' zei hij, 'maar jij kent ons goed genoeg. Ik doe dat soort dingen niet.'

We hadden eerder een vergelijkbaar akkefietje gehad, zoals ik heb beschreven in ons jaarboek *F1 2017. Oorlog op de baan*. Samengevat: het grote Spaanse sportmedium *Marca* kwam met een bericht dat Max Verstappen een voorcontract had getekend bij Ferrari. Het was volstrekte duimzuigerij, en ook toen zei ik dat dit mogelijk weleens door de Sainzjes zelf zou kunnen zijn ingestoken. Onzekerheid rond Max zou namelijk gunstig zijn voor de positie van Carlos junior binnen de Red Bull-familie.

Vader Carlos kwam toen even met me babbelen op het circuit in Oostenrijk. Hij ontkende dat zij de oorsprong van het bericht waren, maar ik had een bron, die ik niet aan hem prijsgaf. Hij zou me voorstellen aan een *Marca*-journalist, die zijn versie zou bevestigen, en dat had ik dan ook verteld aan de kijkers. Tot op heden is dat echter nog niet gebeurd.

Vandaar dat Sainz mij nu ook gewoon belde. Hij wilde me verzekeren dat het gerucht niet uit zijn kamp kwam. Het was een heel rustig en cool gesprek overigens, dat we afsloten met de wens om snel een bakkie koffie te gaan drinken. Wanneer dat zou zijn wisten we nog niet. We zaten allebei thuis in de Spaanse lockdown, vooralsnog zonder een Formule 1-kalender aan de muur.

Toen ik ophing vond ik het toch wel verbazingwekkend dat hij me zo snel gebeld had, maar alles ging snel in dit verhaal. Twee weken later, op 14 mei en twee dagen na het bericht over Vettels vertrek, werd bekend dat Carlos junior na 2020 zou vertrekken bij McLaren én dat hij verkaste naar Ferrari. Het was de volgende episode in het *silly season*, dat al liep voordat er een meter gereden was.

Mensen die mij een beetje kennen weten dat mij op dat moment maar één ding te doen stond, en dat was de oude Carlos een appje te sturen. Ik schreef: 'Ik begrijp nu waarom je mij belde toentertijd. En ik kan niks anders dan je feliciteren en je alle succes wensen met Carlos junior bij Ferrari.'

Daar reageerde hij op: 'Top gedaan, reëel, en netjes dat je dat zo doet.'

Zo zit ik in elkaar. En het is ook niet elke dag dat je een telefoontje op je privénummer krijgt van El Matador. Ik ben er nog steeds niet achter waar hij mijn nummer vandaan gehaald heeft.

Eind oktober vertelde Mattia Binotto op Sky Italia hoe moeilijk het in het voorjaar was om Sebastian het nieuws te vertellen. Binotto: 'Ik was thuis en voordat ik belde heb ik drie keer in mijn hoofd herhaald wat ik moest zeggen en hoe. De beslissing over Seb was niet gemakkelijk, want we houden van hem om wat hij is geweest, om hoe hij zich heeft gedragen en om wat hij in de loop der jaren aan het team heeft gegeven. Maar er komt een moment dat je de helderheid moet hebben om keuzes te maken met het oog op de toekomst.'

Binotto liet ook weten dat het een afscheid in goede harmonie was. 'Zat Seb ons in de weg? Nee, hij heeft de hoorn er niet op gegooid. Hij is intelligent, een prachtige man, en hij heeft ondanks alle moeilijkheden van dit seizoen laten zien dat hij karakter heeft. Hij was nooit negatief. Hij is juist heel proactief en respectvol geweest.'

In december blikte Vettel zelf terug, die de liefde toch in een iets ander licht zag. Aan het Italiaanse *La Gazetta dello Sport* liet hij weten: 'Ik ging voor het eerst met hem [Binotto] om toen ik bij Toro Rosso zat. Ik heb zijn groei van dichtbij meegemaakt, van de motorenafdeling tot technisch directeur en nu teambaas. We respecteren elkaar enorm, maar er was nooit dat soort liefde tussen ons, het soort dat de basis is van relaties. Hij is een pragmatisch man en de tijd zal leren waar Ferrari in de toekomst onder zijn leiding heen gaat.'

Er waren geruchten dat er intern bij Ferrari héél duidelijk gekozen was voor Charles Leclerc. Dat zou er mede toe hebben bijgedragen dat er uiteindelijk niet werd doorgegaan met Sebastian Vettel. Ik moet denken aan 2014 bij Red Bull, toen Vettel ook zo'n jaar had. Hij had net zijn vierde opeenvolgende wereldtitel met Red Bull Racing op zak maar werd door nieuwkomer Daniel Ricciardo helemaal zoek gereden.

Ik was benieuwd hoe dat voor hem was, waarom het niet lekker liep, en zei tijdens de Grand Prix van België: 'Ja, maar Seb, autoracen is als fietsen. Je doet niks anders in die auto. Je remt niet eerder, je gaat niet later op je gas.'

Hij zei: 'Nee. Ik weet ook niet precies wat het is. Ik krijg de auto niet aan het werk.' Dat was een slechte uitspraak, die een gefronste wenkbrauw opleverde bij Ferrari's persdame Silvia Hoffer, die ernaast stond. Vettel gaf in bedekte termen aan dat de auto niet goed was en zoiets hoor je eigenlijk nooit van hem, omdat hij daar gewoon veel te netjes voor is. Maar nu, met de breuk, en de wijze waarop dat ging, begon het aan hem te knagen en werd hij íets minder diplomatiek.

Aan het einde van de rit hebben de twee partijen netjes afscheid van elkaar genomen, zonder al te veel moddergooien. De nieuwe man voor 2021, Carlos Sainz dus, had in het seizoen van 2020 met de McLaren regelmatig relatief makkelijk vóór de Ferrari's gereden. Dat leverde weer vragen op als: heeft Sainz wel de goede keuze gemaakt? Carlos' antwoord was vrij simpel. Hij zei dat als Ferrari op de deur klopt met een aanbod, geen enkele coureur daar nee tegen zegt. Het is aan hem, zo vindt hij, om te zorgen dat het weer een team wordt dat races wint. Wellicht zal de nieuwe motor die Ferrari voor 2021 heeft gebouwd daarbij helpen. De motor van 2020 kwam immers vermogen tekort vanwege die geheime afspraak met de FIA.

Het is nu aan Sebastian Vettel om zijn toekomst vorm te geven. Over die toekomst werd op 10 september 2020 in elk geval al bekend dat hij bij Aston Martin Racing zal liggen. Een dag ervoor liet het team (toen nog Racing Point) weten dat het contract met Sergio Pérez niet verlengd werd. Lance Stroll zou wel zijn stoeltje behouden, wat logisch was omdat vader Lawrence met een consortium van investeerders eigenaar is van het team.

Zelf zei Vettel over deze stap: 'Ik ben blij dat ik eindelijk dit spannende nieuws over mijn toekomst kan delen. Ik ben ontzettend trots om te kunnen zeggen dat ik in 2021 coureur word bij Aston Martin. Het is een nieuw avontuur voor mij met een echt legendarisch autobedrijf.' Hij loofde de ontwikkeling van het team en de toewijding van Lawrence Stroll aan de sport. Hij zei ook: 'Ik heb nog steeds zoveel liefde voor de Formule 1 en mijn enige motivatie is om vooraan op de grid te racen.' Met dat 'vooraan op de grid' gaf hij misschien toch een piepkleine sneer naar zijn vorige werkgever.

De deal van Vettel is een meerjarige deal waarvan niet bekend is gemaakt hoelang hij precies loopt. Wat een maand later wél bekend werd was dat Vettel ook aandelen in de holding Aston Martin Lagonda had verworven, waarmee hij mede-eigenaar werd naast Lawrence Stroll, Mercedes en Toto Wolff, Mercedes' teambaas en een goede vriend van Lawrence Stroll. En dat is weer interessant, want hoewel Vettel officieel niet in een

Mercedes gaat racen, doet hij dat voor veel mensen in zekere zin wél. De Racing Point van 2020 werd de Roze Mercedes genoemd vanwege de grote overeenkomsten tussen de twee auto's en in 2021 zal er qua auto niet veel veranderen. Je moet dan ook niet verbaasd zijn als Sebastian en Lance met die inmiddels groene auto tot indrukwekkende prestaties in staat blijken. En verandering van spijs doet eten, dus laten we hopen dat de stap voor Sebastian Vettel positief uitpakt.

Olav, can we drink a coffee together?

De eerste race van 2020 waar wij naartoe gingen was de Grand Prix van Engeland. Wat je daar meteen merkte was dat Formule 1 niet alle rechthebbende media toeliet. De organisatie zei dat ze voorzichtig wilde zijn met grote groepen mensen. Om de Formule 1 wat lucht te geven kozen wij er bij Ziggo Sport voor om de eerste drie wedstrijden, die twee in Oostenrijk en die in Hongarije, te laten varen. Daarna zijn we weer aangehaakt in de hoop dat we alle verdere Grands Prix mochten blijven doen, wat uiteindelijk ook gelukt is.

We hadden nog wel een idee om bij de Grand Prix van Oostenrijk iets ludieks te doen. We wilden een manshoge pop van Jack maken en daar een microfoon bij zetten, zodat hij via die pop online met de coureurs en teambazen kon praten. Het was een idee dat de FOM in eerste instantie omarmde en ik denk dat het de perfecte oplossing was geweest als ze dat met meerdere zenders gedaan hadden. Uiteindelijk vond de FOM het echter maar lastig en eng, dus het kon helaas niet doorgaan. Die poppen zijn nog wel gemaakt maar nooit gebruikt.

In Engeland merkte je meteen dat alles qua pers en

media anders was. Er was eigenlijk totaal geen reden om in het paddock te zijn, want iedereen zat óf in de garage, waar we niet mochten komen, óf in de pitlane, waar we ook niet mochten komen. De teams hadden in het paddock natuurlijk hun hokjes en plekjes, maar daar mochten wij niet eens het terras op. En omdat de mensen van de teams allemaal zo min mogelijk met hun mondkapje op wilden lopen bleven ze veel binnen. De eerste dag in Engeland ben ik geloof ik één keer in het paddock geweest, om op vrijdag een interview te maken met Max Verstappen en een statement op te nemen voor het *Formule 1 Café*. De rest van de dag zat ik in een portakabin naar beelden van de baan te kijken en ander werk te doen.

De informatiestroom veranderde ook. Je werd meer afhankelijk van wat er gepubliceerd werd. Bij die eerste Grand Prix in Engeland waren er slechts vijftien journalisten die in het mediacentrum mochten komen. Die waren gescheiden van ons, dus wij mochten niet naar het mediacentrum. En zij mochten vanuit het mediacentrum weer niet het paddock op. Het waren de zogenaamde gescheiden bubbels. Je kon op die manier nauwelijks eigen informatie verzamelen en ook minder makkelijk dingen uitwisselen met andere media. Door het gebrek aan mogelijkheden om dingen echt uit te zoeken, kreeg de informatie die er wél was, niet de context en duiding die wij en andere media het normaliter proberen te geven. En dát resulteerde er weer in dat een aantal sites, die nooit mensen op het paddock hebben, veel te speculatief dingen als waarheid opschreef. De zwartdenkers op social media pikten dat op en kregen zo meer aandacht dan ze verdienden.

Social media en sport, social media en het leven in zijn algemeenheid – het is toch altijd een soort vechthuwelijk geweest, omdat allerlei mensen ineens een mening hebben maar die niet onder hun eigen naam opschrijven. Eén vent, American-footballcoach Bryan Harsin van Boise State University in Arkansas sloeg wat mij betreft de spijker op zijn kop toen hem tijdens een persconferentie in november 2019 werd gevraagd of hij ooit verrast was door de negativiteit over zijn ploeg op social media.

'In de wereld van vandaag? Nee. Je kunt iemands commentaar lezen en meestal is het eerste commentaar negatief. Dat is gewoon hoe mensen zijn. Vooral degenen, de *Twidiots*, die op dat soort dingen zitten. Dat is gewoon… Dat is hun stem. Denk daar maar eens over na. Dit is wat ik onze coaches en spelers vertel om het uit te leggen. Vroeger moest je iemand zíjn om een mening te hebben, wat betekent dat je je naar een positie toe moest werken waarin je mening er echt toe deed. Vroeger was het: hé, zeg niets totdat je de kennis, de wijsheid en expertise hebt om naar voren te stappen en een waardevolle mening te geven. Dat hoef je nu niet meer te doen. Elke idioot kan zeggen wat hij wil, en dat doen ze meestal, en ze zijn negatief. Ik ben op een punt gekomen dat ik wanneer ik dat soort dingen zie, medelijden heb met mensen die zich zo voelen. Dat hun leven niet het doel, de passie, de opwinding en het plezier kent dat een aantal van ons wel hebben.

[…] Als je niet eens naar de wedstrijd komt, niet op de tribune zit, geen seizoenkaarthouder bent, en waarschijnlijk niet eens de hele wedstrijd ziet omdat het te laat is, en dan een mening hebt, wat doet dat ertoe? En het ergste is, mensen luisteren er ook nog naar.'

[...] Ik kan wel met die dingen omgaan, ik begrijp het beter, maar spelers zie je na een wedstrijd van Twitter en van social media gaan. Ze luisteren er niet meer naar, want eerst voelt het heel goed als de endorfine gaat werken en je een bericht leest dat je heel goed gespeeld hebt. En het volgende kan iets vulgairs zijn, "**** *you*" en dat soort dingen. "Jij bent écht slecht." Nee, dat ben je niet, want je hebt je hele leven sinds je zesde gewerkt om een atleet in de A-divisie te zijn. En je bent er, je hebt het gehaald, ondanks al die andere dingen die je ervan hadden kunnen weerhouden om zo'n soort studentenatleet te worden. En als iemand dan zoiets tegen je zegt... Dat is ronduit belachelijk.'

Een ander probleem met de informatiestromen op internet is de slordigheid van sommige webredacties, wat ik met twee voorbeelden zal schetsen. Op de zaterdag in Engeland begon men weer te praten over Force India. Het ging om *brake ducts** die gekopieerd zouden zijn van Mercedes. Dat verhaal liep al sinds de eerste race in Oostenrijk. Er kwam van links en rechts commentaar, en Ferrari was daarbij het meest uitgesproken team. Dat het schandalig was en dat het echt niet kon.

Ik heb daar diezelfde dag een statement over gemaakt: 'Het is eigenlijk raar dat Ferrari hier zo hard tegen ingaat, omdat het zelf het jaar hiervoor op motorisch vlak echt iets verkeerd heeft gedaan.' We weten allemaal nog niet wat dat precies was, maar het had te maken met intellectueel eigendom en de manier waarop de brandstof naar de motor werd getild. Niemand weet

* Brake ducts zijn luchthappers die koude rijwind naar de remmen geleiden om die te koelen.

er het fijne van, want het team heeft zoals gezegd een geheime afspraak gemaakt met de FIA. Daardoor is het niet gediskwalificeerd en is de kwestie met de mantel der liefde bedekt. Althans, zo zou je het kunnen stellen. Het was Ferrari's goed recht om dat te doen, weet ik nu, maar persoonlijk keur ik het nog steeds niet goed. Over het statement dat ik maakte op de Nederlandse televisie schreef een website vervolgens een Engels stuk, waarop ik zo nog even terugkom.

Ook had ik die dag een interview gegeven aan Patrick Moeke van de website *Nu.nl*. Dat ging over de rol van teambaas Toto Wolff bij Mercedes. Er werd namelijk beweerd dat er wrijving zou zijn tussen Toto en Ola Källenius, de bestuursvoorzitter van het moederbedrijf Daimler en de baas van Mercedes als autofabrikant. Ik zei tegen Patrick dat die geruchten er zijn, maar dat ik me niet kon voorstellen dat het klopte. Mercedes is een dusdanig groot en professioneel bedrijf dat als daar écht wrijving is, er andere krachten gaan meespelen. Dan wordt zoiets intern opgelost en wordt niet de vuile was buiten gehangen. Daar komt bij dat ik Toto Wolff niet een persoon acht die trucjes uithaalt of mensen tegen elkaar uitspeelt. Dan was hij allang op de vingers getikt.

Ook dat verhaal werd in het Engels vertaald. Gevolg: allereerst om acht uur 's ochtends een pingetje op mijn telefoon van Bradley Lord, directeur communicatie van Mercedes. Tekst: '*This is bullshit!*'

Ik dacht: waar gáát dit over? Hij had er een link naar het Engelse stuk onder gezet, dat dus verkeerd vertaald was, waardoor ik ineens zéi dat er ruzie was tussen Toto Wolff en Ola Källenius.

Ik belde direct Patrick Moeke en vroeg: 'Wat heb jij geschreven?'

Ik vertaalde de tekst die hij me stuurde zelf met behulp van Google en stuurde dat door naar Bradley Lord. Daarna zei ik tegen Patrick: 'Jij belt Bradley Lord om te zeggen dat het er in het Nederlands niet zo staat en dat ik dat niet zo gezegd heb. Patrick heeft dat ook keurig gedaan.

Bradley reageerde vrij snel: 'Ik heb nu gelezen wat er staat, maar dit gebeurt jullie best vaak.'

'Ja,' zei ik. 'Het probleem is dat er in Nederland heel veel goedbedoelende enthousiastelingen op zolderkamertjes websites runnen. Die leven van heftige headlines en vertalen alles wat er maar te vinden is. Alleen, ze maken er niet altijd de júíste vertaling van.'

Niet veel later – ik was inmiddels onderweg naar het circuit – hoorde ik opnieuw mijn telefoon gaan. Het was Luca Colajanni, de directeur communicatie van Ferrari: '*Olav, can we drink a coffee together?*'

Ik zei: 'Oké.'

'*Yes, because there is something in the press that we don't like,*' voegde hij eraan toe.

Dus nog voor ik die zondag op het circuit stond was brandje één bij Mercedes geblust en wist ik dat er een tweede brandje was bij Ferrari. We gingen net buiten het paddock aan een houten picknicktafel zitten, en ik was benieuwd wat er aan de hand was.

Luca begon een artikel in het Engels voor te lezen dat een vertaling bleek van mijn eerdergenoemde statement op de Nederlandse televisie. Ik vind het op zich raar dat zo'n statement uitgeschreven wordt, maar als ik iets op televisie vertel, dan is het natuurlijk openbare informatie. En als het goed wordt uitgeschreven: soit. Waar ik meer moeite mee heb is dat iets wat voor het Nederlandse publiek bedoeld is zomaar wereldwijd kan gaan. Maar goed, die dingen gebeuren in 2020 nu eenmaal.

Nadat Luca de passage had voorgelezen vroeg hij of ik het inderdaad schandalig had genoemd dat Ferrari zich hardop uitsprak over het verhaal rondom Force India.

'Ja, dat heb ik gezegd.'

Wat je moet weten: ik kan heel goed met Luca overweg. Hij werkte in eerste instantie twintig jaar bij Ferrari in verschillende pers- en communicatierollen en zat daarna onder andere bij de FIA en de FOM, dus de Formule 1 zelf. Sinds 2020 is hij weer terug bij het Italiaanse team.

In zijn tijd bij de FOM regelde hij het vierkantje waar de pitreporters met de rijders spraken, en we hadden met hem en alle andere zenders bij elke race een vergadering, de *broadcaster meeting*. Met Luca kon ik dan altijd goed sparren. Hij zei daarover: 'Wat ik het fijne vind aan jullie Nederlanders is dat jullie nooit voor eigen parochie preken maar altijd denken aan het grotere geheel.' Tijdens die broadcaster meetings riep Heiko Wasser van de Duitsers altijd: 'Ja, maar het is voor ons zo lastig als het er in het Engels staat en wij dat moeten vertalen. Daar hebben wij geen tijd voor.' Dat ging over bepaalde teksten over het gastland aan het begin van iedere uitzending.

Ik opperde dan: 'Kunnen we die niet korter maken, zodat mensen het sneller snappen?' En dat bleek een verbetering voor iedereen. Ik heb in de loop der tijd dan ook wel wat krediet opgebouwd bij Luca.

Op de zondag in Silverstone opende Luca eigenlijk wel mijn ogen. Hij legde uit dat er twee manieren waren om tegen het verhaal aan te kijken. Hij zei: 'Het is natuurlijk makkelijk om te zeggen dat Ferrari zélf een geheime afspraak heeft met de FIA en nu Racing Point aan de schandpaal nagelt omdat het een regel zou hebben overtreden. Dat is de kort-door-de-bochtversie. Maar waar het ons om gaat is dat wij als Ferrari ook het grotere geheel van de Formule 1 moeten beschermen. En het een-op-een kopiëren van onderdelen is iets wat gewoon niet mag.' Dat was volgens Luca de reden dat ze zo hard protesteerden, een nuance die ik later ook aan onze kijkers heb uitgelegd.

Het was een gesprekje van een minuut of twintig, waarna we met een zogenaamde ellie, de ellebogen tegen elkaar, afscheid namen. En daarmee was brandje nummer twee ook geblust.

Het was wel apart om voor het allereerst in mijn leven op een zondagochtend door twee teams op de vingers getikt te worden naar aanleiding van iets wat ik gezegd had, terwijl ik er voor mijn gevoel niet anders in gegaan was dan normaal. Het was niet dat ik dacht: nou, ik ben weer op een Grand Prix, we gaan er eens even met gestrekt been in om een punt te maken. Ik heb dat sowieso niet, dat zit niet in me. Ik zal dingen altijd vertellen zoals ik ze beleef, in de context van de lange ervaring die ik heb in de sport. Wel probeer ik de zaken vanuit verschillende hoeken te belichten. Als een team bijvoorbeeld een coureur wegstuurt, dan zullen de meeste bronnen dat nieuws klakkeloos overnemen. Ik probeer er dan aan toe te voegen waarom hij écht weg is. Is het misschien politiek handig dat hij vertrekt, of zijn er nog andere dingen die spelen? Zo probeer ik altijd wel de nuance te vinden. In een van de beschreven gevallen is dat goed gegaan, want ik had gewoon niet gezegd wat die website zogenaamd citeerde.

In het andere geval kreeg ik pas later een bredere context voorgeschoteld, waarover ik de kijkers vervolgens heb verteld.

Iets zorgt ervoor dat verhalen vertekend naar buiten komen en dat is best een serieus mediaprobleem. Op het circuit steken mensen er veel uren in om nieuws naar boven te krijgen. Ze spreken bronnen aan en werken de verkregen informatie uit in artikelen of items op televisie. Vervolgens heb je mensen die dat op een zolderkamer of in een gehuurd kantoortje in hun eigen woorden vertalen of uittypen en het dan als hún eigen waarheid naar buiten brengen. Dat is iets waar de FIA over moet gaan nadenken.

In Nederland hebben *De Telegraaf*, het blad *Formule 1*, de Nederlandse tak van *Motorsport.com* en, wanneer mogelijk, het *AD*; vaste mensen die er in principe altijd bij zijn. Die publicaties investeren in hun aanwezigheid in het paddock omdat de Formule 1 een deel van hun business is. Dan zouden dat, wat mij betreft, qua geschreven stukken ook de bronnen moeten zijn voor een land. Dat betekent dat als iemand anders dingen schrijft, die eigenlijk ook zou moeten vermelden wie het verhaal naar boven gehaald heeft. Op zich snap ik wel dat de FIA bijvoorbeeld bij de Grand Prix van België een paar websites uit Nederland toegang geeft als ze kunnen laten zien dat ze honderd- of tweehonderdduizend clicks hebben. Maar aan de andere kant: die sites vullen zich toch wel, die hebben dat in mijn optiek niet nodig. En als ze er een of twee keer per jaar zijn, hebben ze ook niet de contacten om verhalen van waarde naar boven te halen.

Er hangt een heel groot vraagstuk boven de markt dat we niet een-twee-drie gaan oplossen: in hoeverre ben je vrij om alles maar klakkeloos over te nemen of naar een andere taal om te zetten? Een stuk dat voor *De Telegraaf* geschreven wordt is in de basis niet bedoeld om in *The New York Times* gepubliceerd te worden, want *The New York Times* heeft zelf verslaggevers. Moeten we niet naar een systeem toe waarin content gerelateerd is aan een bepaald territorium? Alle televisiecontracten zijn territoriaal geregeld en voor radiocontracten geldt hetzelfde. Bij Grand Prix Radio moeten we zorgen dat mensen van buiten Nederland niet op onze site kunnen komen. Maar voor media buiten tv en radio zijn zulke territoriale beperkingen nog niet echt geregeld.

Over bubbels en campingstoeltjes

Terug op de circuits in augustus was de sfeer in onze microkosmos totaal anders dan normaal. Vooral bij die eerste race in Engeland was het extreem. Als je het paddock in kwam lopen, zag je helemaal niemand. De mensen die in de garage werkten en de pr-mensen zaten in verschillende bubbels, dus zelfs binnen een team kon men elkaar niet ontmoeten. Er waren per team twee portakabins voor de rijders, een voor het management en een voor de marketing en pers.

Op televisie zei ik: 'Wat weg is, is dat we niet meer op een evenement zijn. Het is alsof we hier op een filmset zijn om een grote commercial of televisieproductie te schieten. Iedereen zit in het hok waar hij werkt. En als hij daarbuiten iets moet doen, dan komt hij naar buiten, en als hij klaar is, gaat hij weer terug naar zijn hok.'

Gelukkig was het naar Engelse begrippen mooi weer en hebben we veel buiten gezeten. We hadden Bastiaan, de technische jongen van Broadcast Rental, bij de Decathlon campingstoeltjes laten kopen. Je kent ze wel, van die uitvouwbare dingen met in de armleuning een houder voor een pot bier.

De Russische Grand Prix is naast de eerste drie wedstrijden de enige die ik gemist heb. Jack en de cameraman waren wél naar Rusland gegaan, maar voor mij waren er geen normale vluchten meer. We hadden al meerdere malen een route uitgedokterd, dan wel met KLM via Moskou, dan wel met Turkish Airlines via Istanboel, maar steeds werden er vluchten afgezegd. Uiteindelijk was er alleen nog een chartervlucht over vanuit Engeland. Op dat moment golden er echter regels waardoor er geen vliegverkeer tussen Spanje en Engeland mogelijk was. Ik had misschien via Nederland naar Engeland kunnen gaan en kunnen verzwijgen dat ik uit Spanje was gekomen, maar de eerlijkheid gebiedt mij te zeggen dat die Russische Grand Prix nooit een dikke favoriet van me geweest is.

Na acht afzeggingen besloot ik om het vanuit Nederland te doen, waar mij echter weer een verrassing wachtte. Ik had een de PCR-test gedaan en wilde gewoon bij Ziggo gaan zitten, net zoals we de eerste drie wedstrijden hadden gedaan, maar dat was een no-go. Ik kwam uit een rood gebied, en PCR-test of niet, dat vond men te gevaarlijk. Ik kwam dus terecht in een loods aan de Havenstraat in Hilversum, waar Broadcast Rental zat. Die hadden daar een master control room voor alle verbindingen met de studio. In een kantoortje dat ze keurig hadden opgeschoond stond mijn commentaarset, alsof ik gewoon op het circuit zat. Het was vrij bijzonder dat ik een Grand Prix van Rusland versloeg zonder ook maar een voet in het Ziggo-pand te zetten. Maar het waren de regels, en regels moet je wat mij betreft altijd zo goed en kwaad als het kan naleven.

Vanaf de Grand Prix van België eind augustus kwamen de motorhomes van de teams weer terug, wat de aanblik van het paddock weer iets normaler maakte. De teams hadden berekend dat werken vanuit portakabins veel duurder was dan het gebruik van eigen behuizing. Wel werd er weer een nieuw protocol geïntroduceerd. Medewerkers die het transport en de opbouw van de motorhomes verzorgden moesten als alles opgebouwd was verdwijnen uit het paddock. Sommige monteurs konden dus niet bij de race aanwezig zijn.

De meeste motorhomes reisden mee tot en met de Grand Prix op Imola. Bij de daaropvolgende race in Turkije waren alleen die van Ferrari en Haas er. Het transport daarnaartoe moest via de boot, wat het lastig plannen maakte. Bij de drie laatste races in Bahrein en Abu Dhabi boden de circuits alle faciliteiten voor de teams, zodat iedereen zijn bouwwerken thuis kon laten.

Onze in Engeland aangeschafte campingstoeltjes zijn het hele seizoen meegereisd, tot en met de finale in Abu Dhabi. Daar hebben we ze zondagavond verstopt in het plafond van het gebouw met de commentaarposities zodat we ze de volgende keer weer vrolijk uit kunnen klappen.

De Roze Mercedes

Tijdens de wintertest waren er al flink wat gefronste wenkbrauwen bij diverse teams toen ze de Racing Point-auto naar buiten zagen rollen. Men dacht: hé, wat is dat voor een voiture? Die lijkt wel heel erg op de Mercedes van 2019. Langzaam werd vervolgens duidelijk dat Racing Point gebruik had gemaakt van *reverse engineering*, hetgeen je in dit geval vrij kunt vertalen als 'kopiëren'. Dat er onderdelen gekopieerd worden is natuurlijk niks nieuws. Regelmatig zie je bijvoorbeeld *barge boards** van teams op auto's van andere teams verschijnen. Het zijn misschien geen een-op-eenkopieën, maar ze lijken er toch wel heel erg op. Veel mensen weten dat er door teams gebruik wordt gemaakt van fotografie om in detail te bekijken hoe de auto's van de concurrentie in elkaar steken. Er worden niet zomaar losse onderdelen gekopieerd omdat men eerst moet uitzoeken of ze wel werken op het concept van de eigen auto.

Racing Point was nu echter nog een stapje verder gegaan door gebruik te maken van 3D-fotografie. Het team had gedacht: we hebben al een Mercedes-motor,

---

* Barge boards zijn kleine vleugels aan de zijkant van de auto voor het optimaliseren van de luchtstroom.

dus waarom kijken we niet gewoon hoe de Mercedes in elkaar zit en kopiëren we wat we kunnen zien? Zolang een team zijn auto zelf bouwt blijft het gewoon een constructeur.

Het technisch reglement van de Formule 1 kent een lijst van zogenaamde *listed parts* en *non-listed parts*. Listed parts zijn onderdelen waarvan heel duidelijk beschreven staat dat je ze als team of constructeur zelf moet ontwerpen en fabriceren. Bijvoorbeeld het bodywork, de rolstructuur die bovenop zit om de rijder te beschermen als de auto over de kop gaat, de structuur aan de voorkant die bescherming biedt bij crashes, en de overlevingscel, oftewel het chassis. Vrijwel alle andere onderdelen zijn non-listed en je kan en mag ze dus kopen bij een ander team. Haas koopt bij Ferrari bijvoorbeeld het stuur, de achterwielophanging en de versnellingsbak.

In de winter van 2019 op 2020 veranderde er iets in dat reglement, en wel dat de brake ducts, de luchthappers bij de remmen, van de lijst van non-listed naar listed onderdelen gingen. Omdat bezwaar maken tegen het gehele ontwerp van een auto lastig is, besloot Renault om bij de tweede race in Oostenrijk specifiek protest aan te tekenen tegen de brake ducts van Racing Point. Het team zou die volgens Renault niet zelf ontworpen hebben. Het protest werd door de FIA in eerste instantie aangehouden en Renault herhaalde het nog eens na de Hongaarse en Britse Grand Prix. Pas na de race in Engeland kwam de FIA met een uitspraak en die was voor Racing Point niet heel fijn. De straf bestond uit vijftien punten aftrek in het constructeurskampioenschap en vierhonderdduizend euro boete. De rijderspunten die Sergio Pérez en Lance Stroll met de auto hadden behaald mocht het team houden.

Dat het een complex verhaal was bleek wel uit de omvang van de uitspraak, want die besloeg maar liefst veertien kantjes. Er werd in detail uitgelegd waarom de FIA had besloten wat ze had besloten. Ook viel te lezen dat er nagedacht zou worden over de toekomst van dit soort gevallen. Een belangrijke vraag was geweest of Racing Point blauwdrukken of andersoortige tekeningen had geraadpleegd met medeweten van Mercedes. En de andere vraag was: mocht dit misschien nog omdat het onderdeel in kwestie oud was? In 2019 had Racing Point de brake ducts nog gewoon mogen kopen en als het team ze daarna een fractie had aangepast voor 2020, was het daarmee dan een eigen ontwerp?

Een aantal teams én Racing Point zelf gingen in beroep tegen de uitspraak. Op de zondag voor de volgende Engelse race, die de 70th Anniversary Grand Prix was gedoopt om de verjaardag van de Formule 1 te vieren, lichtte teambaas Otmar Szafnauer dat besluit toe: 'We moesten in beroep gaan omdat we volledig binnen de reglementen zijn gebleven, zowel de sportieve als de technische. En we moeten onze naam zuiveren. Wij zouden geen vijftien punten moeten verliezen, we zouden geen vierhonderdduizend euro moeten afrekenen, wij hebben absoluut niks verkeerd gedaan. Je hebt absoluut gelijk dat het nog niet eerder is voorgevallen dat een onderdeel afgelopen jaar kon worden geleverd door elk team en dit jaar helemaal zelf ontworpen moest worden. We hébben het helemaal zelf ontworpen en we hébben het helemaal zelf gefabriceerd. We moeten niet vergeten dat we geen onderdeel van Mercedes hebben gekregen, totaal niet. We hebben het proces niet verkort, we hebben geen fabricagetijd gewonnen, we hebben geen geld bespaard door onderdelen te kopen.'

Ook teameigenaar Lawrence Stroll, die je zelden hoort, verweerde zich stevig in een verklaring: 'Ik spreek niet vaak in het openbaar, maar ik ben zeer boos over elke suggestie dat wij achterbaks zijn geweest of vals hebben gespeeld – vooral als die opmerkingen van onze concurrenten komen. Ik heb nog nooit in mijn leven valsgespeeld. Deze beschuldigingen zijn volkomen onaanvaardbaar en niet waar. Mijn integriteit – en die van mijn team – staat buiten kijf. Ze halen onze naam door het slijk en ik zal dit niet accepteren. Ik ben echt ontdaan door het gebrek aan sportiviteit van onze concurrenten.'

Uiteindelijk kwamen de FIA en de teams toch weer snel, zoals het soms kan, met oplossingen. Er zouden nieuwe reglementen worden gemaakt en alle teams gingen akkoord met een verbod op reverse engineering in 2021. Die reglementen zorgen er ook voor dat er geen gebruik meer mag worden gemaakt van bepaalde soorten fotografie tijdens tests en Grand Prix-weekends. En de teams mogen ook geen software meer gebruiken die foto's omzet in databeelden, zoals Racing Point heel knap gedaan had. 'Fotogrammetrie' heet die techniek en ze houdt in dat de gegevens van een foto in een draadmodel worden getrokken zodat je een driedimensionale weergave in je computer krijgt. In eerste instantie werd het verbod beschreven in een zogenaamde *technical directive* en daar moeten teams zich meteen aan houden. Vervolgens is het opgenomen in het technisch reglement voor 2021. Het rare is wel dat als je in 2020 iets uit 2019 hebt gebruikt, je het ook nog in 2021 mag gebruiken.

Je zou kunnen zeggen dat Racing Point er uiteindelijk genadig af is gekomen met een afkoopsom van vierhonderdduizend euro en wat punten. Zonder dat het volgens de reglementen mocht heeft Racing Point voor dat geld een imitatie-Mercedes gemaakt. Het is als klein team heel slim omgegaan met een maas in de wet, en ik houd wel van zulke vindingrijkheid. Aan het einde van de rit resulteerde het ook nog eens in een overwinning voor Sergio Pérez in Bahrein, en de toekomst zal uitwijzen of het een blijvend voordeel heeft opgeleverd. Duidelijk werd echter dat je zo'n auto gedurende het seizoen moet blijven doorontwikkelen en daarvoor had Racing Point als klein team niet de tijd en mankracht. De door de concurrentie gevreesde auto had hierdoor weliswaar enkele uitschieters maar bleek geen vaste podiumklant te zijn. Het team eindigde door de puntenaftrek als vierde in plaats van derde bij de constructeurs, achter McLaren, dat wél voor een sterke doorontwikkeling wist te zorgen.

Het was een van de grote gespreksonderwerpen in het paddock in 2020, de Roze Mercedes van Racing Point die zijn leven heeft voortgezet als groene Aston Martin.

Welkom vanuit Mugello, Portimão en Imola

Binnen een week na het afgelasten van de race in Melbourne en het uitstellen van die in Bahrein werd duidelijk dat ook de wedstrijden in Nederland, Spanje, Monaco en Azerbeidzjan niet op de geplande datums door zouden gaan. Hetzelfde was al bekend van China en Vietnam. De FOM en de FIA moesten flink gaan puzzelen om er alsnog een volwaardig seizoen van te maken.

Ik stuurde geheel ongevraagd een lange e-mail naar de FOM, waarin ik hardop meedacht over de puzzel van de racekalender. Ik schreef dat ik verwachtte niet de enige te zijn met ideeën en dat ik wist dat zijzelf oud en wijs genoeg waren om de juiste beslissingen te nemen. Maar ik schreef ook dat als we weer zouden gaan racen, het volgens mij logisch was om in Engeland te beginnen en vervolgens de plas naar het Europese vasteland over te gaan. De meeste teams zitten immers in Engeland, wat de boel logistiek eenvoudiger maakt, en wedstrijden op continentaal Europa kunnen met vervoer over de weg worden aangedaan om het vliegen tot een minimum te beperken. De keuze viel uiteindelijk op beginnen in Oostenrijk, omdat ze daar al heel snel riepen dat ze er klaar voor waren, zelfs voor twee wedstrijden achter elkaar.

Als je terugkijkt, is het zo bijzonder wat de Formule 1 en de FIA voor elkaar hebben gekregen. In al de landen waar ze naartoe zijn gegaan golden verschillende restricties, maar toch hebben ze al die landen zover gekregen dat ze zeiden: oké, kom maar. Er is voor een heldere opzet gezorgd door de circuits te verdelen in drie strikt gescheiden zones: het paddock, de garages met de pitstraat en het mediacentrum. Tussen die zones kon je elkaar niet ontmoeten. Een aantal vaste mensen koos er hierdoor wel voor om helemaal niet te komen. Waarom zou je in het mediacentrum gaan zitten als alle persconferenties en interviews online plaatsvinden?

Ook het regelmatig testen van iedereen was goed georganiseerd. Zo had elk team een eigen testkantoortje met een persoon om de testen af te nemen. Als televisiemensen zaten we in een groep met onder anderen de marshalls en toeleveranciers en werden we op een centrale plek getest. Soms was dat een tent of hokje, maar in Engeland was het boven in The Wing, dat grote gebouw dat op het circuit staat. En omdat een fiks aantal races week-op-week plaatsvonden werd er nogal wat getest. Op donderdag kregen we een test waarmee we vier dagen verder konden. Op zondag kwam dan de volgende. Die was niet om die zondag bij de race te kunnen zijn, maar om de donderdag erna weer naar binnen te kunnen zónder dat je tussendoor in Nederland of Spanje ook weer moest testen.

De FIA had voor dat testen een bedrijf geregeld, genaamd Eurofins. Alleen in Rusland, Bahrein en Abu Dhabi regelden de organisatoren het zelf. Dat circus heeft uiteindelijk heel veel geld gekost. Als je ervan uitgaat dat een commerciële PCR-test zo'n honderdtwintig euro kost en je een paddock met vijfentwintighonderd mensen twee keer per Grand Prix test, dan ben je dus zeshonderdduizend euro verder. Per Grand Prix. Ik hoop dat er iemand aandelen heeft in dat Eurofins, want daar zijn ze er echt wijzer van geworden. Ook nu nog, we zitten inmiddels in 2021, komen er bij de productiemaatschappij facturen binnen van alle PCR-testen die Jack, de cameramannen, de techneut en ikzelf in 2020 gedaan hebben. Ik denk dat de FIA inmiddels onderzoekt of het de harde kern van de meereizende mensen gevaccineerd kan krijgen. Dat zou natuurlijk heel veel schelen qua logistiek en gedoe.

Terug naar 2020. Met het niet doorgaan van dertien van de oorspronkelijke tweeëntwintig races ontstond ruimte voor nieuwe wedstrijden. Zo kwamen we op circuits waar we lang niet geweest waren of zelfs nog nooit geweest waren. Het is bijvoorbeeld apart dat we drie races op Italiaanse bodem gehad hebben. We gingen in september eerst week op week van Monza naar Mugello en eind oktober naar Imola. En omdat Imola een week na Portugal plaatsvond en de teamtrucks een erg lange reistijd hadden werd er een tweedaags evenement van gemaakt. De twee vrije trainingen op vrijdag werden geschrapt.

Managing director Ross Brawn van de FOM keek al langer of hij de weekenden wat kon inperken. De ambitie is om uiteindelijk een kalender met vijfentwintig races per jaar te hebben, en twee- in plaats van driedaagse raceweekenden kunnen helpen om dat mogelijk te maken. Zoals het op Imola was – één vrije training en meteen een kwalificatie – is weliswaar te doen, maar als je na de training een probleem hebt, kun je het niet altijd op tijd oplossen. De opzet is wat mij betreft dus niet optimaal. En wat ik nog het raarste vond was dat op de niet-gebruikte vrijdag alles gewoon was opgebouwd en iedereen er was. Voor 2021 is de keuring van de auto's al verplaatst van donderdag naar vrijdag en zijn de twee trainingen op vrijdag ingekort van anderhalf tot één uur. Veel organisatoren zitten niet echt te wachten op het inperken van het raceweekend. Ze verkopen kaartjes voor drie dagen actie op de baan en zullen bij het wegvallen van de vrijdagtrainingen alternatieven moeten verzinnen. Ze moeten dan van de vrijdag een event zien te maken, bijvoorbeeld door fans de pits te laten bezoeken. Normaliter is dat heilige grond waar je alleen met de duurste vip-arrangementen terechtkomt. Een aantal circuits hebben al activiteiten op de woensdagmiddag. In Spanje heb je dat en in Montreal reden op woensdag bussen die de fans gratis naar het circuit brachten, waar ze zo naar binnen konden. Dat was hartstikke leuk en het zorgde ervoor dat de Formule 1 bij nóg meer mensen ging leven.

Wat je meteen besefte in Imola, Mugello en in mindere mate Portimão was dat je er prima kon racen omdát er geen publiek was. Tegen mensen die zich druk maken over een verkeersplan in Zandvoort zeg ik: ga een keertje in Mugello kijken en je weet dat het in Nederland met de bereikbaarheid best wel meevalt. En ook Imola ligt redelijk afgelegen. Het weggetje waarover je ernaartoe rijdt is een provinciaal weggetje dat aankomt in een dorpje. Midden in dat dorpje ligt een bocht met twee stoplichten, daar kun je rechtsaf en dan kom je op het circuit. In Mugello wordt weliswaar op meerdere plekken de route naar het circuit aangegeven, maar die aanwijzingen leiden je allemaal door kleine straten in woonwijken. Dat was zonder publiek geen probleem, maar honderdduizend toeschouwers op een dag zie ik zowel in Imola als Mugello niet gebeuren. In Portimão is de bereikbaarheid ook niet optimaal, maar omdat er daar met geld van de EU flink in het wegennet is geïnvesteerd zal het qua verkeer wat makkelijker verlopen.

Op Mugello wordt natuurlijk de MotoGP gehouden, maar dat is qua bezoekersstromen een ander verhaal. Tachtig of misschien wel negentig procent van de toeschouwers komt op een tweewieler, waardoor je veel meer mensen kwijt kunt op de wegen ernaartoe. En het merendeel heeft een tentje achterop en slaapt op een camping. De Formule 1 is wat dat betreft een luxepaard, aangezien er maar een paar Grands Prix zijn waarbij grote groepen fans op een camping verblijven. Barcelona heeft een kleintje, rondom Silverstone wordt redelijk veel gekampeerd, en ook in Oostenrijk, mede omdat er daar relatief weinig hotels in de buurt zijn.

Gedurende het hele 2020-seizoen konden we 's morgens veel later dan normaal naar het circuit, omdat er zonder fans ook geen files waren. Dat maakte het weliswaar wat relaxter voor ons, maar de fans misten we wel degelijk. De sfeer op de circuits was echt ver te zoeken. Waar je dat het meeste voelde was bij de podiumceremonies en bij de startgrid. We hebben natuurlijk wel Grands Prix gehad, in Bahrein en Abu Dhabi, waarbij de regering op zondag vijfduizend zogenaamde *frontline workers* had uitgenodigd als bedankje voor hun werk tijdens de coronatijd. Dat was een mooi gebaar, maar het was niet genoeg voor een echte sfeer. Zeker in Bahrein wordt tachtig procent van de sfeer gecreëerd áchter de hoofdtribune. Daar heb je de grootste braderie die je in dat deel van de wereld zult vinden. Wereldsterren worden ingevlogen voor concerten, zodat we bij het wegrijden na de kwalificatie op zaterdag vroeger veelal een file naar het circuit tóé zagen, allemaal voor Martin Garrix, James Brown en menig andere grootheid. Een ander circuit dat voor grote namen zorgt is Austin in Texas. Volgens mij hadden ze daar een keer Timberlake én Bruno Mars. Op die manier trekken ze overdag racefans en 's avonds een deels ander publiek, en zo wordt de locatie in het weekend optimaal benut.

De wedstrijden op de toegevoegde circuits in 2020 waren allemaal écht tof. In Portimão hadden ze wel een vergissing gemaakt met het aanleggen van een nieuwe asfaltlaag. Eindelijk hadden ze daar de Formule 1, dus ze wilden dat het er netjes bij lag. De bedoelingen waren goed, maar een baan heeft soms wel een jaar nodig om geschikt te worden voor de Formule 1. Een nieuwe baan zit nog vol teer en olie, waardoor het al met een paar regendruppels spekglad wordt. Er moeten eerst minimaal een zomer door andere raceklassen op worden geracet, zodat het asfalt als het ware kan uitdrogen. Pas dan is er voldoende grip om de Formule 1 er op te laten rijden.

Het was in Portimão relatief fris, wat het opwarmen van de banden niet ten goede kwam. Toen er rond de start ook nog een flinterdun laagje water op de baan viel, was de grip ver te zoeken. Op het Turkse Istanbul Park hadden ze ook vers asfalt gelegd en het regende er écht. Daar was het helemaal graaien en grabbelen, en eigenlijk ondoenlijk om met een Formule 1-auto te rijden. Het leverde twee vermakelijke wedstrijden op, maar het was wat te veel van het goede. Op het moment dat je met Formule 1-auto's niet meer met vol gas over het rechte stuk kunt omdat het zo glad is dat je alle kanten op schuift, wordt de race een beetje kolderiek, en ik denk niet dat de Formule 1 kolderiek moet zijn.

Hopelijk trekt de organisatie hier lering uit. Ik denk dat de missers met het asfalt ook te maken hebben gehad met gebrek aan échte Formule 1-kennis bij toenmalig Formule 1-baas Chase Carey. Als de plannen vooraf aan Ross Brawn voorgelegd waren, zou die het volgens mij niet zo gedaan hebben. Maar ik denk dat ze niet op zijn bureau terechtgekomen zijn.

Een Grand Prix die in 2020 ongewild een tweedaags evenement werd was die op de Nürburgring, omdat daar op de vrijdag helemaal niet gereden kon worden. Het was het koudste weekend dat ik ooit in mijn leven meegemaakt heb bij een Grand Prix. Ook deze keer werkten we niet vanuit het mediacentrum en de commentaarpositie maar vanuit een portakabin. Sommige portakabins zijn breed en hebben een deur aan de lange kant, maar in Duitsland hadden ze diepe portakabins met de deur aan de korte kant, een pijpenla, zeg maar. Ik had mezelf geïnstalleerd aan een tafel helemaal achterin, wachtend op twee vrije trainingen die niet gingen komen. En hoewel ik inmiddels twee jassen aanhad zat ik na tien minuten gewoon te klapperen in mijn vel. Ik dacht: dit is niet goed.

Helemaal aan de andere kant zag ik naast de deur een kacheltje aan de muur hangen, een kacheltje met een stekker. Ik ging ernaartoe, keek eens hoe het vastzat en na wat pielen kwam het los van de muur. Hoppakee, helemaal goed. Ik pakte een deksel van een flightcase, legde dat onder mijn tafel, kacheltje erop, stekker in de muur en ik had gewoon een tafelverwarming! Jack en de cameraman hadden buiten gewerkt en kwamen dubbel verkleumd binnen. Eerder hadden ze bij de deur hun handen kunnen warmen, maar nu mochten ze bij mij aan tafel aanschuiven. We zijn dan wel zo netjes dat we aan het einde van het weekend zo'n kacheltje weer terughangen. Welkom in de glamourwereld der Formule 1.

Als je in oktober in de Eifel gaat zitten, loop je niet alleen het risico op kou maar ook op mist. Deze keer konden de medische helikopters op vrijdag niet vliegen en dan wordt er dus ook niet gereden. Voor één man was dat natuurlijk vooral triest en dat was Mick Schumacher. Die zou daar zijn eerste meters rijden in een Alfa Romeo om te wennen aan de Formule 1.

Het weekend was een rare gewaarwording omdat we lang niet op de Nürburgring geweest waren met de Formule 1. Vroeger was de Grand Prix daar echt zo'n wedstrijd waarbij je om het circuit volle campings en volle wegen had, maar nu waren de velden verlaten en de wegen leeg. En omdat het ook binnen het circuit een stuk rustiger was mochten we gebruikmaken van *host broadcaster parking*. Oftewel: we mochten ín het paddock parkeren, vlak bij onze portakabin. Wat we daar parkeerden was een hybride Mercedes die we voor het weekend te leen hadden en die had een heel fijne optie: stoelverwarming. Ik had het op een gegeven moment zo koud dat ik tussen twee trainingen door naar de auto ben gegaan om even in een verwarmde stoel op temperatuur te komen. Om mij heen naar buiten kijkend zag ik een typisch fenomeen in de Formule 1: hoe koud het ook is, altijd lopen er wel een paar in korte broek. Sommigen van die figuren zijn monteurs en mensen die logistiek werk doen, een groepje bikkels voor wie de korte broek een way of life is, weer of geen weer.

Afscheid van de familie Williams

Augustus is normaal gesproken de periode van de zomerbreak in de Formule 1, maar door het verschuiven van de racekalender zat de maand nu best vol. Zo hadden we de Britse Grand Prix en de 70th Anniversary Grand Prix op 2 en 9 augustus en de Spaanse en Belgische op de zestiende en dertigste van diezelfde maand. Tussendoor was er ook nog groot nieuws: op 21 augustus kwam naar buiten dat het team van Williams verkocht was. Daarmee kwam na drieënveertig jaar een eind aan het familieteam dat uiterst succesvol was geweest in de wereld van de Formule 1. Zo verzamelde het zestien wereldtitels, negen bij de constructeurs en zeven bij de rijders, en dat allemaal in de jaren tachtig en negentig van de vorige eeuw. In 2014 en 2015 eindigde Williams nog als derde, maar daarna ging het bergafwaarts met twee vijfde plekken en in de laatste twee jaar een positie als hekkensluiter.

De laatste jaren waren ook financieel steeds lastiger. Eerst vertrok naamsponsor Martini eind 2018, wat deels kon worden opgevangen door het strikken van de nieuwe naamsponsor ROKiT. Die ondersteuning duurde slechts een jaar, waarna het team in mei 2020 als beursgenoteerd bedrijf flinke verliezen moest laten zien.

In augustus volgde het nieuws dat het team was overgenomen door Dorilton Capital, een investeringsmaatschappij uit New York die 152 miljoen euro neertelde en daarmee tevens de schulden overnam. Het team zou de naam Williams behouden en ook het voortzetten van de activiteiten in Engeland werd gegarandeerd. Dorilton heeft belangen in veel bedrijven waaronder voedsel, gezondheidszorg, engineering en gespecialiseerde fabricage. De man die het runt is Matthew Savage, die tweeëntwintig jaar bij de fusie- en overnametak van de beroemde bank Rothschild heeft gewerkt. Hij zit bij alle bedrijven van Dorilton in de directie en nu dus ook bij Williams. De Brit Simon Roberts verving per direct Claire Williams als teambaas en bracht zo zeventien jaar F1-ervaring mee vanuit McLaren en Force India.

Het is wel bijzonder dat zo'n historisch team uiteindelijk deze stap heeft moeten zetten. Lang heeft Williams alles op alles gezet om zelfstandig te overleven. Claire Williams, de dochter van oprichter Frank, had de dagelijkse leiding sinds 2013. Ze werkte er al sinds 2002, eerst nog als persdame, maar uiteindelijk kreeg ze dus de controle over het hele team. Dat bleek best een heftige opgave en regelmatig was er kritiek met als ondertoon: ze is maar een huppeltrutje dat in werkelijkheid niks te vertellen heeft. Vader Frank was op papier immers nog steeds de officiële teambaas.

De voorloper van het team was Frank Williams Racing Cars, dat Frank in 1969 had opgericht. Hij begon met een chassis van Brabham en reed later met chassis van De Tomaso, March en Iso Rivolta. Met die laatste auto scoorde de Nederlander Gijs van Lennep in 1973 bij de Grand Prix van Nederland zijn eerste van twee WK-punten. In 1974 verschenen voor het eerst de initialen van Frank Williams in de naam van de auto, die Isola-Marlboro-FW werd gedoopt.

Twee jaar later verkocht Frank Williams zestig procent van zijn team aan de Amerikaanse investeerder Walter Wolf, die ook de spullen van het gestopte Hesketh Racing had overgenomen. Wolf voegde dat allemaal samen en Frank Williams werd dat jaar de teammanager. Succes had het nieuwe team niet, waarna Wolf afscheid nam van Williams en diens resterende aandelen overnam. Williams gebruikte dat geld om in 1977 een nieuw team te starten met de jonge ingenieur Patrick Head en ze doopten het Williams Grand Prix Engineering. En dat is het team dat we vandaag de dag nog steeds kennen. Vanuit een oude opslagplaats voor tapijten begonnen ze, en ze boekten hun eerste overwinning in 1979 met de Zwitser Clay Regazzoni tijdens de Britse Grand Prix. De eerste wereldtitels volgden in 1980, als team bij de constructeurs en met de Australiër Alan Jones bij de rijders.

Vanaf 1986 was Frank Williams aan een rolstoel gekluisterd vanwege een auto-ongeluk na een wedstrijd op het Zuid-Franse Paul Ricard. Dat was een hard gelag voor een man die in zijn vrije tijd hardliep met onder meer olympisch vijftienhonderdmeterkampioen Sebastian Coe. Zijn werk als teambaas zette Williams echter gewoon voort.

In 1997 behaalde het team een laatste titel als constructeur én een laatste bij de rijders met Jacques Villeneuve. De laatste overwinning stamt uit 2012, toen Pastor Maldonado zegevierde in Spanje.

Maanden na de overname vertelde Claire Williams in de Britse *Spectator* uitgebreid over de laatste jaren en de uiteindelijke redenen om het familiebedrijf te verkopen. 'De bovenkant van het startveld geeft een half miljard uit, tegenover ons budget van honderdtwintig [miljoen pond],' zei ze. 'Dat is vanaf het begin gewoon geen gelijk speelveld en daarom is het erg moeilijk om te proberen te concurreren. Als je je in die situatie bevindt, is het moeilijk om weer omhoog te klimmen.'

'De laatste drie jaar van mijn periode waren ongelooflijk moeilijk,' zei ze ook. 'Maar er waren een aantal zeer verzachtende omstandigheden waarom we op die plek belandden toen ik het aannam. [...]

Eigenlijk vergeten ze dat ik bij de overname een team erfde dat de afgelopen drie seizoenen als negende, achtste en negende was geëindigd. Ik had het team negen maanden en het lukte me om het binnen minder dan een jaar naar de derde plaats in het kampioenschap te brengen, twee jaar op rij. En daarna hadden we twee vijfde plaatsen. Dat is niet slecht voor een team dat steevast de underdog was, dat veel minder mensen, veel minder middelen en heel veel minder geld had dan de teams waartegen we streden.'

De harde realiteit was echter dat na die twee vijfde plaatsen twee laatste plaatsen volgden in 2018 en 2019. Claire Williams heeft er vaak op gewezen dat een team als Haas met de nieuwe regels veel kant-en-klare delen kon inkopen terwijl Williams ze zelf maakte. Personeel ontslaan en elders een betere versnellingsbak kopen was niet aan de orde. Laat nou net een van de eerste grote beslissingen van de nieuwe eigenaren zijn dat er vanaf 2021 met versnellingsbakken van Mercedes wordt gereden.

Gezondheidsgedoe

Het romantische beeld dat veel mensen hebben van het werken in de Formule 1 staat nogal ver van de realiteit af. Ja, ik heb zoals gezegd de mooiste baan in de wereld. Ja, ik geniet er met volle teugen van, en ja, gelukkig vind ik reizen ook leuk.

Wat mensen eigenlijk altijd vergeten is dat je als F1-persoonlijkheid ook maar gewoon een mens van vlees en bloed bent. En dat je ook gewoon, zoals in mijn geval, een gezin hebt en een thuis, met alles wat daarbij hoort. Ze zien me bij een Grand Prix, dan een weekend niet en daarna is er weer een Grand Prix. Dat betekent dat ik soms tussen twee wedstrijden maar vier of vijf dagen thuis ben. En in die paar dagen moet dan weer van alles gebeuren. En kán ook van alles gebeuren. Ik moet dus weleens van huis op een moment waarop dat niet zo lekker is.

Je hebt in mijn eerste boek* kunnen lezen hoe het was toen mijn vrouw Marion kanker had en het regelmatig gebeurde dat ze net naar het ziekenhuis ging als ik weg moest. Dan kun je vanuit een land waar je acht,

---

* *Een leven met Formule 1* uit 2016.

negen of tien uur tijdsverschil hebt niet zoveel doen.

Stel je voor – en het is mij gebeurd – dat je denkt: mooi, ik moet om tien over tien vliegen, dus ik ga 's ochtend om acht uur van huis. En dat je dan om kwart voor acht ontdekt dat een van je honden is overleden. Dat je je vrouw wakker moet maken en dat je eigenlijk, hoe hard het ook klinkt, maar een kwartiertje hebt om een schouder te bieden en je eigen emoties een plek te geven. En dat je dan zegt: 'Sorry, schat, ik moet nu echt weg. Hier is het nummer van de dierenarts, los het maar op.'

In al mijn Formule 1-jaren zijn de winters eigenlijk altijd vrij bijzonder geweest. Met alle drukke schema's die ik had koos mijn moedertje ervoor om in december te overlijden, waardoor ik er gelukkig was. Mijn vrouw overleed in januari, waardoor ik er gelukkig was. En ik heb zelf de laatste jaren ook wel een paar dingetjes meegemaakt die toevalligerwijs allemaal in de Formule 1-winter gebeurden.

Het was kerst 2017 en ik had het laatste deel van het jaar wat last gehad van mijn maag. Het gebeurde regelmatig dat ik na het voorgerecht tegen Jack zei dat ik even naar de wc moest, waar het voorgerecht er weer uit kwam. Later gebeurde het vaker dan me lief was dat ik 's nachts exact om drie uur, ongeveer zes uur nadat ik gegeten had, wakker werd met veel maagzuur. Dan hoefde ik maar één keer diep adem te halen boven de wc voordat het eten er ook weer uit kwam. En uiteindelijk had ik aan het einde van dat seizoen ook wel wat last met plassen. Ik dacht dat het wel meeviel, totdat ik op die bewuste tweede kerstdag naar het toilet ging en bloed in mijn plas zag. En dan kun je wel een stoere vent zijn, maar een man van boven de vijftig die dat ziet denkt toch: nou is misschien wel even het moment om naar een ziekenhuis te gaan.

Dat deed ik ook en wel naar ziekenhuis Levante in Benidorm. De spoedeisende hulp noemen ze hier *urgencias* en het was er met kerst niet heel druk maar ook niet heel rustig. Ik moest een halfuurtje wachten, waarna ik bij een dokter terechtkwam. Ik legde die man uit dat ik bloed geplast had, waarop hij vroeg of ik al langer klachten had.

Ik zei: 'Nou, ik heb al een halfjaartje soms wat last van overgeven en soms met het plassen.'

Hij zei: 'Ja maar, meneer, u bent hier op de spoedeisende hulp. Dan moet u een afspraak met een internist maken.'

Ik zei hem: 'Weet je wat, als je nou verstandig bent, neem je toch maar even een bloedmonster en kijk ook maar even naar de plas die ik hier net in het potje gedaan heb.'

Hij ging weg en kwam na tien minuten weer terug. En hoewel hij me eerst zo'n beetje aan de kant gezet had omdat het niet urgent was luidde zijn boodschap nu: 'U moet opgenomen worden.'

Ik had een zware urinewegontsteking en moest een nachtje in het ziekenhuis blijven met een infuusje. Daarna volgde uiteraard een afspraak met een internist. Ik kwam onder allerlei apparaten te liggen en ze ontdekten dat ik een niersteen had.

Ik dacht: hoe gaan we dat nou weer oplossen? Dat zou allemaal weer tijd kosten en het F1-seizoen kwam steeds dichterbij. Gelukkig viel het mee. Er was geen operatie nodig, maar ik kreeg van die meneer een grote plastic pot met een deksel erop, zo eentje die op tv aangeprezen wordt om jongens die aan de gewichten hangen grotere spieren te geven. Wat er in die pot zat kan ik het beste vergelijken met Vim, waarmee je vroeger de gootsteen schoonmaakte. Het waren korreltjes die je met water moest mengen en dan opdrinken, en die zouden de niersteen doen oplossen. Die niersteen was niet heel groot, ik had er geen pijn van en de korreltjes deden wat ze moesten doen.

Het grappige was dat toen ik Jack belde om te vragen hoe het ging, hij zelf óók in het ziekenhuis bleek te liggen. Hij had last van zijn rikketik, wat hij uitgebreid heeft beschreven in zíjn boek.

Een jaar later in 2018 had ik weer wat, maar dat ging iets meer gepland. Ik had af en toe wat last van mijn knie. Trap op ging nog wel, maar de trap aflopen was echt heel vervelend vanwege een pijntje aan de binnenkant. Nou moeten we in de Formule 1 nog weleens een trapje op of af. Het ergste waren altijd de honderdtwee traptreden die we op moesten om in Maleisië bij de commentaarpositie te komen. En in Brazilië ging je eerst een trap op die zo'n twintig meter hoog was. Als je boven was, voelde je je dijbenen al een beetje. Vervolgens kwam er een soort brug met een vals plat en ook dat was niet heel erg lekker. Aan het einde van die brug moest je dan weer voor de helft naar beneden en vervolgens weer omhoog om bij de commentaarpositie te komen.

Ik had ervoor gekozen om in de winterperiode iets aan mijn knieprobleem te laten doen en ging naar een knieëndokter in Hospital Clínica Benidorm. De man maakte foto's van mijn knie, belast en onbelast, en gaf daarna zijn oordeel: 'Er zit wat artrose in uw knie, maar u bent nog te jong voor een kunstknie.'

Op dat moment riep ik: 'Sorry, kunt u dat even herhalen?'

'U bent nog te jong voor een kunstknie.'

'Kijk,' zei ik, 'dát wilde ik graag horen.'

En dus werd er een kijkoperatie gepland, zoals dat heet. Vroeger dacht ik dat ze dat alleen maar deden om te kijken, maar in werkelijkheid opereren ze via kleine gaatjes in je knie, met een cameraatje en twee mesjes. Ze vroegen of ik een volledige narcose wilde of een ruggenprik, waarbij zijzelf een ruggenprik adviseerden. Ik had zoiets nog nooit in mijn leven gehad, maar ik dacht: prima.

Na een paar uurtjes wachten in een kamertje kreeg ik die prik en na een halfuurtje realiseerde ik me wat iemand met een lage dwarslaesie moest voelen. Je voelt niks vanaf je onderlijf. Ik vond het nou niet echt een lekker gevoel, want als je ligt, lijkt het alsof het bed vanaf de plek waar je gevoelloos bent naar beneden kantelt. Dat was natuurlijk niet zo, want als ik naar mijn voeten keek, zag ik die gewoon aan het einde van het bed liggen.

Ik heb die hele operatie gewoon meegekeken op het scherm en grappen gemaakt met de dokter. Ik vond het op zich wel relaxed, maar het vervelendste kwam nog. Wat ik niet wist was dat het belangrijk was dat ik na afloop weer ging plassen. Maar ja, dat voel je dus niet. Dan lig je daar dus veel te drinken en vier keer in je bed te plassen terwijl je dat niet doorhebt. Ik heb nieuws voor je: daar werd ik redelijk chagrijnig van. Gelukkig waren mijn vrouw en dochter er ook bij en die hielden me een beetje in toom.

Volgens de letter van de wet ben ik nog steeds diabeet, al heb ik dat zelf goed onder controle; ik neem één pil per dag en mijn bloedwaardes zijn vrij goed. De dokteren hadden gezegd dat ik een dag voor de operatie geen medicijnen mocht nemen, dus dat had ik ook niet gedaan. In het ziekenhuis had ik slechts wat thee met suiker gedronken, maar omdat die diabetes natuurlijk vermeld stond in mijn dossier kwam er een meisje dat zei: 'We moeten even kijken hoe dat zit met uw suiker.' Ze stelde vast dat mijn suikerspiegel wat hoog was, maar dat had ik haar van tevoren wel kunnen vertellen na anderhalve dag zonder medicijnen en beweging. Ik maakte haar dat ook duidelijk en laat ik het voorzichtig zeggen: mijn relatie met de dienstdoende zuster ontwikkelde zich niet heel tof. Ik revalideerde thuis gelukkig vrij snel en sindsdien gaat het goed met de knie.

Ik had ook nog een akkefietje in 2018 op de maandagochtend na de tweede Grand Prix van Azerbeidzjan. Er was namelijk een grijze vlek in mijn gezichtsveld verschenen. Je gaat dan eerst eens in je oog zitten wrijven. Er zal wel een stofje zitten dat eruit moet. Maar nee, het ging niet weg. Dan ga je kijken of die vlek meebeweegt met je blik. Dat bleek het geval en ik werd daar toch niet heel vrolijk van. De hele dag zat ik te kijken en te analyseren. Gaat hij weg als ik omhoogkijk? Of naar beneden of naar rechts? Voor de brildragers: als je je vinger natmaakt en daarmee midden op je bril tikt, dan is die natte vette vlek zo ongeveer wat ik die dag zag.

Ik bedacht me dat het ermee te maken kon hebben dat ik sinds 1977 diabeet was, omdat oogproblemen daarbij vaker voorkomen. Volgens veel mensen doe ik niet genoeg aan mijn diabetes, maar ik vind zelf dat ik er best wel rekening mee houd. Hoe dan ook, thuis in Spanje ging ik eerst maar eens naar een huisarts. Die riep: 'Ik kan niet zien wat jij ziet, maar door wat jij vertelt snap ik het wel,' en hij verwees me door naar een gespecialiseerde oogkliniek.

Ik toog daarop naar Alicante, waar ik bij Clínica VISSUM terechtkwam met als dokter Pedro Amat. Ik dacht dat het zoiets zou zijn als een kleine tandartspraktijk, maar het bleek een gebouw van meer dan vijf verdiepingen met een aantal operatiekamers, verpleegzalen en een afdeling voor spoedeisende gevallen.

Toen ik aan de beurt was moest ik eerst in een of ander apparaatje kijken om de vochtigheid van mijn ogen te laten meten. Toen kwam ik bij een dametje te zitten dat even wilde testen hoe het zat met mijn zicht en met mijn bril. Bij mijn linkeroog was er niks aan de hand, maar mijn rechteroog zag natuurlijk niet zoveel, want daar zat die vlek. De vrouw spoot af en toe wat vloeistof in mijn oog zodat mijn iris open ging staan en ze erin kon kijken. Daarbij zette ze mijn hoofd in een klem zodat ze met haar lensje superdicht bij mijn oogbal kon komen.

Ik kreeg te horen dat ze in mijn geval nog een stapje verder moesten gaan. Dat stapje verder – inmiddels was het twee uur later – was een infuusje in mijn oog met wat contrastvloeistof, waarna ik naar een soort doka moest, een ouderwetse donkere kamer. Daar verscheen ook het dametje weer met een groot fotoapparaat, waarmee ze op misschien wel minder dan een millimeter afstand foto's maakte van de binnenkant van mijn oog. Ik heb die later mogen bekijken en dan zie je dus alle bloedvaatjes lopen. Het is net alsof je naar een soort wereldbol kijkt waar allerlei lijntjes over getrokken zijn.

Uiteindelijk kwam ik weer bij dokter Amat terecht, die mij liet zien wat er aan de hand was. Mijn netvlies had op een paar punten losgelaten aan de binnenkant van mijn oog, wat volgens hem een teken van slijtage was.

Oké, dacht ik. Dat is niet zo fijn, want je zicht is toch je zicht en van je ogen heb je er maar twee.

'Maar,' zei hij erbij, 'met een beetje geluk heb ik wel een oplossing voor je. Dat is alleen niet de goedkoopste oplossing die er bestaat.'

'Leg uit,' zei ik.

'Je bent hier in een privékliniek, oftewel de dingen die wij hier doen worden niet door je verzekering gedekt. Je kunt het navragen, maar ik denk het niet.'

'Oké, vertel verder.'

Hij zei: 'Als je wilt, kan ik het meteen doen, maar dan moet ik even een injectie in je oog zetten.'

Nou vind ik een injectie niet eng of lastig, dus ik zei: 'Doe maar.'

'Jaaaa,' zei hij, 'maar die injectie kost vijftienhonderd euro.'

'Oké,' antwoordde ik, 'maar dat heb ik even niet bij me.'

Ik bleek ook met een creditcard te kunnen betalen, dus besloot ik het maar op die manier te doen. Ik kreeg keurig zo'n groene poncho aan die je ook op een operatietafel in een ziekenhuis krijgt zodat mijn gezicht half afgeschermd was. Ze druppelden nog meer spul in mijn ogen, waarna ik een halfuurtje moest wachten. Naast mij lagen nog twee mensen en ik ga op zo'n moment meteen rekenen. Deze dokter haalde nu in een kwartier vijfenveertighonderd euro binnen, want ik begreep dat die andere twee hetzelfde probleem hadden.

Na een beetje verdoving kwam de dokter uiteindelijk de drie spuiten bij ons zetten en heel vervelend voelde het voor mij niet. Het eerste kwartier was mijn zicht alsof ik in de regen rondreed zonder ruitenwissers aan. Langzaam trok dat weer weg en de volgende ochtend was de grijze vlek verdwenen.

Ik moest vier weken daarna terugkomen en de dokter was gelukkig ook tevreden. Sindsdien ga ik om de twee maanden op controle. Wel een beetje vervelend is dat hij in de periode daarna nóg twee keer zo'n injectie heeft moeten zetten omdat hij wilde voorkomen dat de vlek terug zou komen. Het goede nieuws is dat ik nu al tien maanden geen injectie gehad heb en redelijk tevreden ben over mijn zicht. Telkens als ik op controle ben en mijn ogen laat checken, kan ik honderd procent lezen van de ultrakleine lettertjes die ze me voorschotelen.

Zo zie je maar weer, ook je Formule 1-commentator heeft van die heel gekke en tegelijk normale menselijke dingetjes.

Ferrari's dieptepunt

Met een zesde plaats in het constructeurskampioenschap van de Formule 1 kun je 2020 als rampzalig beschouwen voor Ferrari. Slechts één keer scoorde het team nog slechter, veertig jaar geleden in 1980, toen de Italianen als tiende eindigden.

Over de belangrijkste reden voor dat probleem heb je al eerder in dit boek kunnen lezen. Ferrari heeft in 2020 iets aan de motoren moeten doen waardoor het flink wat vermogen tekortkwam ten opzichte van 2019. Of dat was omdat het team in 2019 een illegale motor had kunnen we niet zeggen, omdat de pers en de fans nog steeds niet weten wat Ferrari en de FIA precies hebben afgesproken. En zolang dat geheim is, zullen de speculaties daarover blijven bestaan. Feit is dat Ferrari de zwakste motor van het hele veld had, wat natuurlijk niet best is voor het team met de status aparte. Voor wie het nog niet wist: als enige renstal krijgen de Italianen een extra uitkering van enkele tientallen miljoenen van de FOM en ze hebben bij een aantal beslissingen in de sport een veto.

Teambaas Mattia Binotto wist voor het seizoen van 2020 al dat het geen best jaar zou worden, zo zei hij achteraf in een interview met Formule 1 zelf. Binotto: 'We wisten vorige winter dat de auto niet presteerde zoals we hadden gehoopt. We hadden heel snel door dat de auto tijdens de wintertests niet snel genoeg zou zijn, maar we hadden over het algemeen niet zo'n moeilijk seizoen verwacht, niet alleen vanuit het oogpunt van prestaties, maar ook vanwege de covidpandemie en de situatie waarmee we te maken hadden. Het niveau van onze prestaties was onvoldoende vergeleken met wat de standaard van Ferrari zou moeten zijn. We zijn er erg teleurgesteld over. We voelen ons volledig verantwoordelijk. Het spijt ons voor het bedrijf en de fans.'

De focus bij de ontwikkeling van de auto lag op de betrouwbaarheid en er was geprobeerd om de *downforce* en aerodynamische prestaties te maximaliseren. Maar dat was onvoldoende compensatie voor het teruggeschroefde vermogen van de motor. Vettel en Leclerc moesten de strijd aangaan met Stroll, Gasly en Norris, in plaats van Hamilton, Bottas en Verstappen. Voor Vettel resulteerde dat in een dertiende plaats in het kampioenschap. Leclerc hield de schade nog enigszins beperkt met plek acht.

Je kunt wel stellen dat de Italianen vanaf 2021 een nieuwe weg bewandelen met de twee relatief jonge coureurs Charles Leclerc en Carlos Sainz als rijderspaar. Leclerc heeft inmiddels bewezen Ferrari-waardig rijdersmateriaal te zijn door teamgenoot Sebastian Vettel twee seizoenen op rij te verslaan. Hij is voor Binotto dan ook een van de lichtpuntjes. Tegen Formule 1 zei de teambaas daarover: 'Charles had een geweldig jaar. Hij heeft zich gedurende het seizoen ontwikkeld. We weten dat hij een getalenteerd coureur is. Hij heeft laten zien dat hij goed is in de races, in inhalen en verdedigen. Ook al was het een moeilijk seizoen op de baan, hij heeft zich ontwikkeld als persoon, ontwikkeld als leider. Tegenwoordig zien de ingenieurs en teamleden hem als een belangrijk referentiepunt voor de toekomst.'

Carlos Sainz is overgekomen van McLaren om Leclerc te vergezellen, waarmee Ferrari het jongste rijdersduo heeft sinds 1968. Sainz geldt echter niet als tweede rijder. Binotto: 'Er staat niet in het contract dat Charles de leider is. Ik denk dat de twee vrij zullen zijn om op de baan te vechten. Ik vind het belangrijk dat ze zichzelf niet beschadigen, dat is duidelijk, maar ik denk dat ze zeker aan het begin van het seizoen gelijke kansen krijgen. Onze topprioriteit, zoals ik in het verleden al zei en zal blijven zeggen, is het optimaliseren van de punten van het team. Het kan dus in sommige races belangrijk zijn dat de twee op de een of andere manier teambeslissingen ondersteunen of teambeslissingen accepteren om het belang van het team te optimaliseren.'

Het is een beetje te vergelijken met de situatie bij Red Bull Racing. Max Verstappen en Charles Leclerc worden geacht sneller te zijn dan respectievelijk Sergio Pérez en Carlos Sainz, zeker in de eerste helft van 2021. En als het in de loop van het seizoen relevant blijkt voor een van de twee kampioenschappen (dat van de rijders of dat van de constructeurs), dan komen er gewoon teamorders als dat nodig is voor het gewenste resultaat...

Een ander lichtpuntje moet de nieuwe motor van Ferrari zijn, waar het team in 2020 al hard mee aan de slag is gegaan. Terug naar de top van de pikorde als motorbouwer is het doel, al beseft iedereen dat dat geen makkie is.

Binotto: 'Gelukkig zullen we in 2021 een volledig nieuwe PU* hebben, anders hadden we een prestatienadeel behouden ten opzichte van onze concurrentie. Is het terug naar 2019? Ik denk niet dat dat de vraag zou moeten zijn. Die moet zijn: op welke punten zullen we worden vergeleken met onze concurrenten? Dat is belangrijker. Ik denk dat we weer competitief zullen zijn als krachtbron. Het zal niet slechtste van het veld worden, dat gevoel kreeg ik op basis van de cijfers die ik op de testbank zag. Maar ik weet niet wat de anderen doen. Alleen het circuit kan ons dat vertellen. Maar de hoop is om terug te zijn en om competitief te zijn, misschien nog niet de beste, al is dat iets waar we naar uitkijken.'

Binotto zal dat uitkijken in 2021 minder vaak vanaf de pitmuur doen dan voorheen. De teambaas heeft aangekondigd dat hij minder bij de races zal zijn om zo meer te kunnen focussen op de ontwikkeling voor 2022, als er compleet nieuwe auto's op de baan komen. Bij de fabriek in Maranello heeft in de winter van 2020 op 2021 een reorganisatie in het management plaatsgevonden, waarmee de afdeling die het chassis bouwt is opgedeeld in vier nieuwe divisies met allemaal hun eigen baas. Daarnaast is de verantwoordelijkheid voor de commerciële activiteiten van het team, waaronder de miljoenenbusiness van Ferrari-petjes, polo's, sleutelhangers en wat dies meer zij, weggehaald bij Binotto. Alles wordt eraan gedaan om hem in staat te stellen zo goed mogelijk de kerntaak van de scuderia te managen,

---

* *Power unit*, de hybride combinatie van verbrandingsmotor en elektrische aandrijving.

namelijk zo hard mogelijk met twee rode bolides over de WK-circuits rijden.

Of het allemaal gaat werken valt te bezien. Er is erg veel onrust bij Ferrari, niet in de laatste plaats door het plotse overlijden van directeur Sergio Marchionne in 2018. Onder hem won het team ook geen titels, maar wel was het vrijwel altijd de belangrijkste uitdager van Mercedes en was er voldoende rust in de tent. En die rust is wat het steigerende paard hard nodig heeft om weer vooraan in de races mee te kunnen rennen.

Afscheid van Honda

Het Formule 1-circus was net teruggevlogen uit Rusland en bereidde zich voor op de Grote Prijs van de Eifel op de Nürburgring in Duitsland. Op de vrijdag daartussen, 2 oktober, viel er een bommetje in de vorm van een persbericht van Honda Racing. De eerste zin was gelijk helder: 'Honda Motor Co, Ltd. heeft vandaag aangekondigd dat het heeft besloten de deelname aan het FIA-wereldkampioenschap Formule 1 (F1) als leverancier van krachtbronnen aan het einde van het seizoen 2021 te beëindigen.' Oftewel: we maken keurig het seizoen af en dat is het dan. Ik vond het een bizarre keuze om het nieuws op dat moment naar buiten te brengen, maar dat zal te maken hebben met een aantal belangrijke vergaderingen die er zijn geweest na Rusland.

Opmerkelijk was dat ze niet aankondigden dat ze met auto- of motorsport stopten, maar alleen met de Formule 1. De activiteiten bij de MotoGP en de IndyCar zouden dus gewoon doorgaan.

De terugkeer in de Formule 1 in 2015 kende natuurlijk lastige momenten aangezien Honda al moeite bleek te hebben om een McLaren-auto in de top vijftien te krijgen. De jaren erna ging het allemaal beter en kwam er een samenwerking met Red Bull, met eerst een jaartje Toro Rosso en daarna ook Red Bull Racing. En intussen hebben ze bij Honda laten zien dat ze het aankunnen om voor de topplekken te gaan.

Van de twee redenen die ze in oktober 2020 gaven om te stoppen was de eerste het nieuwe reglement, dat oorspronkelijk in 2021 zou gaan gelden maar opgeschoven is naar 2022. Honda zou heel veel geld moeten uitgeven aan weer een nieuwe power unit, terwijl het met de huidige net bij was gekomen. De andere reden was het plan om meer te investeren in de ontwikkeling van motoren met een brandstofcel en elektrisch aangedreven motoren. De ervaring die Honda met hybridesystemen in de Formule 1 had opgedaan wilde het daarbij gebruiken. De investeringen in de Formule 1 werden verschoven naar investeringen in de toepassingen van de techniek die het ín de Formule 1 ontwikkeld had.

Honda's topman Takahiro Hachigo sprak zijn dank uit richting Red Bull Racing en AlphaTauri omdat ze door wedstrijden te winnen Honda's ambitie verwezenlijkt hebben. Maar voor beide teams was het wegvallen van Honda wel lastig. Met de nieuwe technische regels op komst moesten ze hard gaan nadenken wat ze wilden doen. Terug naar Renault lag niet voor de hand. De Franse fabrikant zag weliswaar zijn enige F1-motorklant, McLaren, naar Mercedes vertrekken en zou dus capaciteit hebben, maar het eerdere huwelijk tussen Renault en Red Bull was nou niet zo denderend geweest dat je denkt: die gaan weer fijn samen in één bed liggen.

Al vrij snel werd gezegd dat de teams het wellicht zelf wilden gaan rooien. Ze zouden de technologie in huis kunnen halen, bijvoorbeeld van Honda, om er vervolgens een andere naam op te plakken. De Renault-motor heette indertijd ook TAG Heuer. Ik heb op de Grand Prix in Duitsland op tv aangegeven dat er al een bedrijf is dat ze zou kunnen helpen. Dat is het in het Oostenrijkse Graz gevestigde AVL, dat al een flink aantal motorcomponenten maakt voor verschillende Formule 1-teams.

Begin 2020 is bij Red Bull de beslissing genomen om de Honda-motor en een deel van de mensen die eraan hebben gewerkt over te nemen en ze onder te brengen bij de fabriek in Milton Keynes. Deze nieuwe tak, Red Bull Powertrains, is gestart omdat Red Bull bij de collega-teams heeft weten te bedingen dat er na 2021, als het qua bouw van de motoren echt op eigen benen staat, geen veranderingen aan de motoren meer komen tot aan de volgende regelverandering in 2025. De stap die Red Bull na Honda's vertrek heeft gezet is een stoere, die past bij het imago van de firma en hopelijk leidt tot nog sterkere vleugels voor Max Verstappen.

Regen in Bahrein

Het seizoen van 2020 eindigde met een rondje Midden-Oosten: twee wedstrijden in Bahrein en een finale in Abu Dhabi. Bahrein doen we meestal in maart aan en we merkten dat het er eind november heel anders was. Ook daar heb je iets wat winter heet, met meer bewolking en best wel wat regen, bij ons op de donderdag en vrijdag. Maar omdat de zon daar zó hard straalt is het water dat op de grond valt ook binnen tien minuten weer helemaal weg.

Nou waren er wel een paar regenbuien bij die serieus waren. En dan is het grappig als je een huurauto hebt waarvan één ruitenwisser alleen maar bestaat uit een ijzeren staaf zonder rubber erop. Dat ding zat aan mijn kant, de bestuurderskant, dus ik dacht: mooi, die gaan we verwisselen. Toen we dat deden kwamen we erachter dat de ruitenwisser aan mijn kant korter was dan die aan Jacks kant. Na de operatie zag Jack helemaal niks meer terwijl aan mijn kant ook het halve dak werd schoongewreven. Gelukkig waren er op de parkeerplaats van het circuit mensen die dezelfde huurauto als wij hadden. En omdat we het Renault-Formule 1-team altijd narren, leenden we bij een auto van dat team het ruitenrubber met de juiste afmeting. Met twee goeie ruitenwissers op onze huurauto konden we weer veilig terug naar ons hotel rijden.

In de loop van een Formule 1-jaar gebeuren dit soort dingen overigens wel vaker op het parkeerterrein. Iemand heeft iets met zijn huurauto, kijkt eens om zich heen en vindt de oplossing op een andere auto. En ja, het zijn kwajongensstreken.

Wat ons verblijf in Bahrein uniek maakte was dat we voor het eerst op dezelfde locatie twee races op twee verschillende banen hadden. In Oostenrijk en Engeland hadden we al wel opeenvolgende wedstrijden gehad op hetzelfde circuit, maar hier zouden we ook twee verschillende lay-outs gaan gebruiken.

De eerste race was op de gebruikelijke lay-out. Alles verliep normaal tót kort na de start de crash van Romain Grosjean plaatsvond. Gelukkig kon hij het navertellen. Ik weet nog dat het mij enorm raakte toen ik zijn teambaas Günther Steiner hoorde praten over die klap, vlak nadat het gebeurd was. Ik zag een man staan die altijd aan het vechten was voor zijn team. En dat gevecht voerde hij met een van de kleinste budgetten in de Formule 1. Haas is immers nog écht een privéteam. Het draait op het eigen geld van eigenaar Gene Haas. Steiner is als teambaas de uitvoerder, maar hij is ook een pure racer tot in zijn diepste vezels. Hij staat vaak voor een voldongen feit als hij weet dat er iets verbeterd kan worden terwijl de middelen ontbreken om het te realiseren. Dat nu juist zíjn team deze rampspoed over zich heen kreeg deed wel iets met me. Het had er ook mee te maken hoe hij daar als kleine teambaas aan de hele wereld uitlegde hoeveel geluk ze met zijn allen gehad hadden. De ontploffing was zo heftig dat het wel leek alsof Grosjean een aggregaat vol brandstof geraakt had. Normaal gesproken zie je Formule 1-auto's na een crash nooit in vlammen uitbarsten. Alle systemen zijn erop ingesteld dat de leidingen zichzelf direct afsluiten als er een druppel uit lekt. Dat is technologie uit de helikopterwereld.

Het ongeluk gebeurde op de achtergrond van het televisiebeeld, dus je zag weinig details. Later werd in kleine stapjes steeds duidelijker wat er aan de hand was, al duurde het lang voordat we het verlossende nieuws in beeld zagen. Ik heb daar met de regisseur van de FOM over gesproken, Dean Locke. Hij legde uit hoe het al tijdenlang werkt: zolang de FIA niet aangeeft dat de coureur in orde is worden er geen beelden van de crash herhaald. In dit geval had de televisieproductie al snel gezien dat Grosjean veilig en wel uit zijn auto was geklommen, maar dat mochten ze nog niet uitzenden. Wat meespeelde was dat race director Michael Masi ter plekke nog een onderzoek moest doen om vast te stellen of er niet nog iemand anders was geraakt. Het was donker en er waren verschillende marshalls en fotografen aan het werk. En wat je niet wilt hebben is dat je goed nieuws gaat brengen terwijl er tweehonderd meter verderop nog een fotograaf ligt met een voorwiel op zijn hoofd.

Pas toen vaststond dat iedereen gezond en wel was, mocht de wereld zien hoe de auto van Romain Grosjean zich door de vangrail had geboord. En hoe hij zichzelf gered had met hulp van dokter Ian Roberts en Alan van der Merwe, de mannen van de *medical car*.

Er was achteraf veel kritiek op de hoeveelheid herhalingen van de crash die zijn uitgezonden. Ook daar had ik het met Dean Locke over. Het klinkt wat cru, maar hij zei dat die herhalingen feitelijk een goednieuwsshow vormden als het ging om de veiligheid van de Formule 1.

Romain Grosjean heeft het gelukkig overleefd, maar hij had zijn handen wel dusdanig verbrand dat hij de volgende wedstrijd niet mee kon doen. En ook iemand anders moest verstek laten gaan, te weten Lewis Hamilton, die een positieve coronatest had. Ik heb begrepen dat hij wel positief getest was maar niet rillend in zijn bed heeft gelegen. Hij was wel ziek en is er vier kilo van afgevallen, zo zei hij later.

Het bood George Russell de gelegenheid om in de Mercedes te stappen en Max riep toen meteen: 'Nu gaan we zien hoe het zit.' Hij doelde daarmee op de vraag of het de auto zelf was die voor overwinningen zorgde. Max was daarover inmiddels wel wat genuanceerder geworden. Vroeger riep hij: 'Iedereen kan winnen in de auto van Lewis,' en dat is niet helemaal waar, denk ik. George Russell is een beetje onzichtbaar omdat hij onderaan bungelt in een Williams, maar híj was het die in 2018 met overmacht het kampioenschap in de Formule 2 won, en niet Alexander Albon of Lando Norris. Russell is echt wel een talent uit de buitencategorie. Ik denk niet dat als je Lance Stroll of Antonio Giovinazzi in die Mercedes zet, ze hetzelfde presteren als George Russell heeft laten zien. Alleen jongens als Max, Leclerc, Sainz en Russell halen eruit wat erin zit.

Een groot voordeel voor Russell was dat de buitenbaan in Bahrein, die voor de tweede race werd gebruikt, maar zeven of acht echte bochten had, zodat er weinig fouten gemaakt konden worden. En ook al vond ik de wedstrijd middelmatig, de kwalificatie was fantastisch. Ik riep dan ook op tv: 'Volgend jaar: kwalificeren op de buitenbaan en racen op de binnenbaan!' Maar goed, daar gaan de teams natuurlijk nooit hun goedkeuring aan geven. Het levert te veel gedoe op bij het afstellen van de auto en zo zijn er nog wel meer redenen te verzinnen. Maar ik denk dat het best grappig kan zijn om een kwalificatie meer los te koppelen van een wedstrijd. De kwalificatie krijgt op die manier misschien wel een veel grotere waarde.

Tijdens de wedstrijd hadden Valtteri Bottas en George Russell ongelooflijk veel pech, want de Mercedes-monteurs gaven hun de verkeerde banden. Maar tegelijk denk ik dat Bottas misschien wel geluk heeft gehad dat het zo gegaan is, omdat hij anders gewoon onzichtbaar geworden was. Ik kan me nog een boordradio van het team aan hem herinneren: 'We kunnen dit nog winnen!' Vervolgens zakte hij alleen maar verder weg omdat hij op oude banden moest rondrijden. Het was fascinerend om te zien dat wanneer het bij een geoliede machine als Mercedes even fout gaat, zoals ook in 2019 op Hockenheim gebeurde, het hele zooitje ook echt in elkaar flikkert.

George Russell maakte met zijn optreden dat weekend duidelijk dat Mercedes qua prestaties op de baan een serieus alternatief heeft voor Lewis Hamilton. En ook dat Valtteri Bottas een tweede rijder is en geen kopman. Bottas kon met drie honderdsten maar nét de pole pakken voor Russell, en op zondag had hij hem met al zijn ervaring in de Mercedes de baas moeten zijn. Russell kon echter direct vooraan rijden én kost heel wat minder dan Hamilton. Dat zal Mercedes de ogen wel geopend hebben.

Wat mij betreft is Lewis Hamilton overigens elk dubbeltje dat je hem betaalt waard. Je kunt van hem vinden wat je wilt, maar de man levert altíjd en dat is het belangrijkste. Ik weet zeker dat als het Bottas was geweest die vervangen moest worden, Lewis het niet had laten gebeuren dat Russell hem aftroefde. Lewis zorgt in zo'n geval wel voor een sfeertje met een opmerkinkje hier, een verzwegen stukje informatie daar, en dat mag allemaal. No way dat hij Russell de bovenliggende partij laat worden. Max en Leclerc zouden er ook zo in staan, en Alonso bijvoorbeeld ook. Die gasten hebben het DNA van echte kampioenen.

Die tweede race in Bahrein werd gewonnen door Sergio Pérez, die na een incident met Verstappen en Leclerc helemaal achteraan aan een inhaalrace begon. Geholpen door het uitvallen van Verstappen en Leclerc en het bandengestuntel van Mercedes pakte hij zijn eerste Grand Prix-zege. De *race craft* en rust die Pérez tentoonspreidde ontlokten mij de uitspraak: 'Als Helmut Marko of Christian Horner er nog over twijfelt wat je aan moet met Alexander Albon, dan is er nu iets in het oog springends gebeurd wat je niet links kan laten liggen.' Albon had een week eerder een Red Bull platgereden. Hij handelde te grillig en ging aan de druk ten onder. Ook wordt gezegd dat hij de data van de auto onvoldoende kan toepassen om zijn prestaties te verbeteren. Dan heb je het bijvoorbeeld over het afstellen van de auto en het spelen met de rembalans en de hybridesystemen tijdens het rijden. Hij heeft het lek niet gevonden en dat is jammer.

Misschien was Bahrein niet zozeer het Waterloo van Albon maar meer een kans die Pérez kreeg om te stralen. Vergeet niet dat hij voor 2021 aan de kant is gezet door Racing Point ten faveure van het zoontje van de baas Lawrence Stroll. Het andere stoeltje is voor Vettel, die ik als viervoudig wereldkampioen een logische keus vind voor het team. Daar geloof ik wel in, want Vettel heeft iets te bewijzen. Die is nog lang niet klaar. Voor zulke jongens is Formule 1 rijden als fietsen. Dat klinkt raar, maar het is iets wat ze niet verleren. Vettel heeft in zijn Ferrari in 2020 niet één keer later gas gegeven of eerder geremd dan normaal. En ik heb een onderbuikgevoel dat hij toen Ferrari afscheid van hem had genomen aandacht gemist heeft op allerlei vlakken in het jaar dat ze nog samen zijn geweest. Wanneer je als coureur binnen je team niet meer gewenst bent, dan gaat het niet meer.

Het tegenovergestelde zie je bij Max en Red Bull. Los van wat hij in de auto doet gelooft iedereen in het team zo volkomen in Max dat hij weet dat het daar nooit aan zal liggen. De inzet van die mensen om hem de best mogelijke auto te geven is enorm. Een goed voorbeeld was toen hij voor de start in Hongarije zijn voorwielophanging eraf reed en zijn monteurs dat binnen vijftien minuten repareerden. Je hoort hem over de boordradio ook steeds vaker het team bedanken. Daar is hij de laatste jaren enorm in veranderd en dat komt door dergelijke momenten. Hij is nog niet zo extreem in zijn dankbaarheid als Lewis, die daar zelfs regelmatig op aangesproken wordt. Toen Lewis in Turkije wereldkampioen werd riep hij over de boordradio: '*Thank you so much, guys*', waarna hij zich tot de kinderen richtte. 'Dit is voor alle kinderen die het onmogelijke dromen. Jullie kunnen het ook, man! Ik geloof in jullie!' Hij zei dat met alle emotie die hij in zich had. Dan kun je mij vertellen dat je zoiets allemaal flauwekul vindt, maar ik zeg dat het zo authentiek is als maar kan. Hij heeft die weg bewandeld, hij is niet met een zilveren lepel in zijn mond opgegroeid. Zijn langdurige maatje Nico Rosberg is dat wel, en je ziet een verschil tussen die twee. Hamilton weet wat het is om een pitbull te zijn. Rosberg wist dat niet, is het uiteindelijk wel een jaar geweest, maar was daar toen zo moe van dat hij het nooit meer wilde doen. Dat zegt ook weer genoeg.

Ik had het er met Max over toen we tijdens de kerstdagen in Monaco een interview met hem maakten: hoe lastig is het om van allerlei mensen om je heen te horen dat je zo volwassen aan het worden bent, terwijl je gewoon bent wie je bent en groeit zoals je groeit? Wij toeschouwers zien die groei, in zijn racen op de baan én in de manier waarop hij zich uit naar zijn team, terwijl hijzelf maar met één doel bezig is: hij wil ervoor zorgen dat na de wedstrijd niemand kan roepen dat hij beter zijn best had kunnen doen. En dat is zo'n waanzinnige drijfveer. Er zijn er heel veel die zeggen dat ze er op die manier in staan, maar er zijn er maar weinig die het waarmaken. Dat zie je bijvoorbeeld aan rondetijden die wegzakken en aan verminderde scherpte in de directe duels.

Hamilton is op dat gebied een meester. Ik zeg het regelmatig: het líjkt zo makkelijk, op poleposition beginnen, vooraan rijden en dan maar even zeventig rondjes lang géén fout maken. En tegelijk zoveel vaart houden dat de rest niet dichterbij komt. En dan heb ik het nog niet eens over de onzekerheden die een raceauto in zich heeft door al die bewegende delen die stuk kunnen gaan. Of over de dingen die fout kunnen gaan bij een pitstop buiten jouw schuld om. Jarno Trulli kon indertijd een wedstrijd beginnen op een waanzinnig hoog niveau, maar op driekwart ging hij gewoon twee of drie tiende per rondje inleveren. Dat zorgde voor de zogenaamde *Trulli train*, een file die achter hem ontstond als hij weer eens inzakte. In het hoofd van Lewis, Max en ook dat van Leclerc werkt het heel anders. Charles heeft in 2020 met een Ferrari die zeker niet competitief was toch twee podiums bij elkaar gereden. Misschien speelde geluk een rol, maar aan het einde van de rit zat hij erbij als hij daar de kans toe kreeg.

Het deelnemersveld van de Formule 1 bestaat voor negentig procent uit zwaar getalenteerde jongens. De andere tien procent bezit minder talent maar heeft het autoracen geleerd, want dat kan als je er maar genoeg tijd, geld en kilometers in steekt. Ik denk persoonlijk dat Lance Stroll daar een voorbeeld van is. Hij heeft misschien niet het talent van Leclerc, Vettel, Max of Lewis, maar hij heeft zich het racen wel eigen kunnen maken. Je wilt niet terugzoeken in de boekhouding van de familie Stroll wat het allemaal gekost heeft, maar het is dus mogelijk als je de benodigde aanleg hebt. Robert Doornbos idem dito. Die heeft ooit gezegd: 'Ik wil Formule 1-coureur worden.' Hij ging rijden, geld uitgeven en kilometers maken en kwam in de Formule 1 terecht.

De jongens in de échte buitencategorie, dat zijn er maar weinig. Die komen misschien een of twee keer in de tien jaar voorbij. Bij mij komen dan naar boven: Stewart, Lauda, Senna, Prost, Schumacher, Hamilton, Alonso, Vettel, Max en Leclerc. Een treetje lager staan jongens die wáánzinnig veel talent hebben, en daar weer onder komen de harde werkers. En harde werkers kunnen ook wereldkampioen worden. Nigel Mansell was een hardwerkende wereldkampioen, Damon Hill en

Jenson Button eveneens, en ik denk dat het zelfs voor Jacques Villeneuve geldt.

En dan heb je natuurlijk nog een riedeltje rijders van wie we nooit geweten hebben waar ze werkelijk toe in staat waren. Ik denk dat het grootste talent dat altijd tussen wal en schip gezwommen heeft Anthony Davidson is. Hij valt op door zijn bouw – hij is piepklein – en ook door de rust die hij uitstraalt. In 2004 deed hij mee aan de vrijdagtrainingen in de derde BAR-Honda en hij liet toen echt goede dingen zien. Maar hij had gewoon pech. Teams die verkocht werden of geen geld meer hadden, geen rijke pa, geen grote sponsors en niet de kans om voor een topteam te rijden. Davidson heeft gegeven wat hij kon, maar hij heeft helaas geen topcarrière in de Formule 1 gehad. En die keer dat hij derde lag in Montreal in 2007 was het een overstekende bever of marmot die roet in het eten gooide. Dat helpt natuurlijk ook niet echt.

De terugkeer van Fernando Alonso

Elk vrijkomend stoeltje in de Formule 1 moet natuurlijk weer gevuld worden. Vettel zou vertrekken bij Ferrari en Sainz zou zijn plek innemen. En dus stapte Daniel Ricciardo na twee jaar Renault over in Sainz' auto bij McLaren. Dit leidde er weer toe dat op 8 juli 2020 een langlopend gerucht werd bevestigd: Fernando Alonso keert terug in de koningsklasse van de autosport. Twintig maanden na zijn afscheid van de Formule 1 maakte hij bekend dat hij in 2021 zou instappen bij het team Alpine, de opvolger van Renault. De Spanjaard wordt daarmee de allereerste coureur met drie stints bij een en hetzelfde Formule 1-team. De eerste was van 2003 tot en met 2006, en daarin won hij zijn twee wereldtitels. De tweede was in 2008 en 2009, en de derde is dus vanaf 2021. Bij de bekendmaking werd niet gezegd hoelang de nieuwe deal zou duren, maar iedereen gaat ervan uit dat het minimaal een tweejarig contract is. In de communicatie is immers gezegd dat in 2021 met Alonso's kennis en ervaring naar 2022 toe zal worden gebouwd, wanneer de nieuwe reglementen ingaan.

Fernando Alonso heeft bepaald niet stilgezeten tijdens zijn Formule 1-pauze. Na zijn veelbelovende debuut in de Indianapolis 500 in 2017, toen hij nog bij McLaren Formule 1 reed, probeerde hij het daar ook in 2019 en 2020. In 2019 lukte het hem niet om zich te kwalificeren en ook in 2020 kon hij met zijn auto niet meedoen om de prijzen. Met een eenentwintigste plaats bleef de zogenaamde *Triple Crown** vooralsnog ver weg.

Wél succesvol was hij in het World Endurance Championship, waar hij met het dominante Toyota kampioen werd in het seizoen 2018-2019. Tevens won hij twee keer de 24 uur van Le Mans. Opnieuw met Toyota dook hij de woestijn van Saoedi-Arabië in, waar hij in de Dakar Rally van 2020 debuteerde met een dertiende plaats.

'Renault is mijn familie, waaraan ik mijn dierbaarste herinneringen in de Formule 1 heb met mijn twee WK-titels, maar ik kijk nu vooruit,' aldus Alonso bij de aankondiging van zijn terugkeer. 'Het is een grote bron van trots en met een intens gevoel keer ik terug naar het team dat me aan het begin van mijn carrière een kans gaf en dat me nu de kans geeft om terug te keren op het hoogste niveau. '

'Ik heb principes en ambities die in de lijn liggen van het project van het team. De vooruitgang die het deze winter boekte maakt de doelstellingen voor het seizoen van 2022 geloofwaardig en ik zal al mijn race-ervaring delen met iedereen, van de ingenieurs tot de monteurs en mijn teamgenoten. Het team heeft de wil en de middelen om weer op het podium te komen, net als ik.' Wat

---

* De Triple Crown is de onofficiële titel voor een coureur die in zijn carrière de drie meest prestigieuze autoraces weet te winnen: de Indianapolis 500, de 24 uur van Le Mans en de Grand Prix van Monaco.

die doelstellingen voor 2022 precies zijn vertelde Alonso er niet bij. Hij wist op dat moment nog niet dat Daniel Ricciardo in het tweede deel van 2020 positief verraste met twee derde plaatsen in de Renault.

In de Spaanse sportkrant *AS* liet Alonso later doorschemeren dat er nog een andere reden was om niet in andere klasses te blijven racen: 'Om helemaal eerlijk te zijn, de andere categorieën gaven me niet de zekerheid die de F1 uitstraalde tijdens de pandemie. Het WEC is een beetje verzwakt door de sponsors, afgelaste races... En de andere categorieën zullen meer lijden, zoals altijd. De categorieën met minder middelen, de zwakste, lijden meer.'

Over de timing van zijn terugkeer heeft Alonso goed nagedacht: 'Het idee om in 2021 terug te keren was er altijd omdat dan de regels zouden veranderen. Ik wist wel dat als ik zou terugkeren, het in 2021 zou zijn, want in 2019 en 2020 met dezelfde auto's rijden was een idee dat me niet aanstond. Met de verandering van de regels zou het idee me wél aan kunnen spreken.'

Fernando Alonso's vorige verblijf in de Formule 1 was de vier jaar bij McLaren vanaf 2015, in de periode dat Honda terugkeerde in de sport als motorleverancier. De dramatische prestaties van de auto zorgden ervoor dat Alonso een van de favoriete rijders werd als het ging om de boordradio's. Bij nota bene Honda's thuisrace op Suzuka liet hij luid en duidelijk weten hoe hij over de motor dacht. Toen Marcus Ericsson in de normaal gesproken nóg langzamere Sauber hem passeerde riep hij over de radio: 'Dit voelt als GP2*. Gênant. Heel gênant. Ik zal mijn best doen...' Later in de race, toen

* GP2 was tot en met 2016 de naam van de klasse die daarna Formule 2 ging heten.

Max Verstappen hem in zijn Toro Rosso inhaalde, uitte hij opnieuw zijn frustratie: 'GP2-motor, GP2!' Daarna volgde een harde oerkreet.

Een andere grappige boordradio was op Monza, toen hij na een zetje van Jolyon Palmer meerdere keren hardop klaagde dat de Engelsman daar slechts vijf seconden straf voor kreeg. Toen hij Palmer later niet meer op de baan zag vroeg hij aan zijn engineer: 'Waar is Palmer?'

De engineer: 'Fernando, Palmer heeft opgegeven.'

Alonso: 'Karma.' Dat is hoe hij erin staat.

De Spanjaard wordt door veel mensen gezien als een waanzinnig talent, en dat was al zo op jonge leeftijd. In 2000 reed hij in de Formule 3000, die toen op de zaterdag van het F1-weekend op Spa ingepland stond. De negentienjarige Fernando Alonso startte als dertiende maar wist zich naar de leiding te werken en een dikke voorsprong op te bouwen. Toen kwam er een safetycar, waarna hij wéér wegreed en voor de ogen van de hele Formule 1-paddock met tien of vijftien seconden voorsprong won.

De grote vraag is natuurlijk: kan Fernando Alonso na zijn terugkeer de verwachtingen waarmaken? Hij heeft natuurlijk niet in een Formule 1-auto geracet sinds het einde van 2018. Da's best lang. Het lukte hem en Renault echter wel om eind 2020 deel te nemen aan de zogenaamde Young Driver Test in Abu Dhabi. Sommige mensen vonden het nogal apart dat een tweevoudig wereldkampioen dat mocht doen. Hij had het in elk geval slim geregeld, wie weet door er bij de FIA een persoonlijke gunst of iets anders tegenover te stellen.

Het seizoen van 2020 was voor Renault niet heel geslaagd maar ook niet heel schadelijk. Ze zaten best dicht bij Racing Point en McLaren, en ze eindigden vóór Ferrari op de vijfde plaats. In 2021 blijven de auto's grotendeels hetzelfde en je zou dus kunnen verwachten dat de pikorde min of meer gelijk blijft. Renault, nu Alpine, heeft misschien echter een voordeeltje omdat het alle energie op het eigen team kan gooien nu McLaren op Mercedes-power is overgestapt.

Iedereen is er wel van overtuigd dat een man als Alonso het team een stap verder kan helpen. Hij is een natuurlijk leider en weet wat hij ervoor moet doen om kampioen te worden. Hij heeft in 2010 ook Ferrari bij de horens gevat. Dat resulteerde dan wel niet in een kampioenschap, maar het team kwam wel beter uit de verf dan in 2009. En zelfs bij McLaren heeft hij ondanks alle problemen resultaten laten zien waarbij je denkt: ja, Alonso kan dus wel het een en ander in een auto die niet top is.

Hij zal bij Alpine ook zijn vijftien jaar jongere teamgenoot Esteban Ocon de weg moeten wijzen. Ocon is zeker niet slecht maar kon in 2020 Ricciardo niet evenaren. Ook zijn er vraagtekens als het om de toekomst gaat, omdat het bij het Frans-Britse team aan het einde van 2020 behoorlijk gerommeld heeft. Halverwege het jaar trad er bij moederbedrijf Renault een nieuwe CEO aan, de van de Volkswagen Group overgekomen Luca de Meo. Die besliste dat het Formule 1-team geen Renault maar Alpine zou gaan heten om zo de herboren sportwagentak van het bedrijf te promoten. En onder De Meo's bewind hebben ook enkele wisselingen van de wacht plaatsgevonden in de racetak. Allereerst was er het vertrek van Jerome Stoll, baas van Renault Sport Racing, dat in de laatste jaren de ontwikkeling van het Formule 1-team als belangrijkste klus had. Een maand later bleek het ook klaar te zijn voor teambaas Cyril Abiteboul, de man die Renault zogezegd op de goede weg heeft gebracht. Voor die twee komen Laurent Rossi en Davide Brivio terug. Brivio is geheel nieuw in de Formule 1 en komt als teambaas uit het MotoGP-team van Suzuki vandaan, dat in 2020 zowel de rijderstitel pakte met Joan Mir als het kampioenschap bij de teams. De onrust aan de top kan zijn weerslag hebben op Alonso's vermogen om iets op te bouwen. Hij is echter een man die goed weet hoe de politiek in een team werkt en de zaken zelf ook kan manipuleren als hij dat nodig acht.

De focus van Fernando Alonso ligt vooral op 2022 omdat hij ervan overtuigd is dat de grote reglementswijziging de auto's veel meer in de handen van de coureurs zal plaatsen. Het mooiste wat hem in 2021 kan overkomen is dat hij relatief vroeg in het seizoen een podium pakt, want dat is alweer een tijdje geleden, namelijk in 2014 bij de Grand Prix van Hongarije. Belangrijk is ook dat hij zich snel thuis gaat voelen bij het team. In 2020 heeft hij daarom al veel tijd doorgebracht met Renault, zowel in de fabriek als in de pitbox en aan de pitmuur. In het slotweekend in Abu Dhabi bezorgde hij iedereen nog even kippenvel toen hij op beide dagen wat rondjes reed in de Renault R25, zijn kampioensauto van 2005 met een prachtig klinkende V10 achterin.

De ontwikkeling van de coureur Max Verstappen

Het is natuurlijk best bijzonder dat je Formule 1-coureur wordt terwijl je nog geen rijbewijs hebt. Je bent zeventien jaar en mag niet op de openbare weg rijden, maar je rijdt wel gemiddeld elke veertien dagen met de snelste auto's ter wereld tegen de beste coureurs ter wereld. Hoe apart die situatie wel niet was merkte ik persoonlijk op de vrijdag voor de Grand Prix van Monaco in 2015. De eerste twee trainingen zijn daar op donderdag. Vrijdag rijdt de Formule 1 niet om de toeleveranciers het dorp te laten bevoorraden, en de zaterdag en zondag zijn zoals ze overal zijn. De vrijdag in Monaco is daarom een soort pr-dag voor de teams en hun sponsors. Sommige teams bieden dan bijvoorbeeld de gelegenheid om op een boot een-op-eeninterviews te doen met de rijders en motorleverancier Renault had deze keer verzonnen om journalisten met een Renault Clio RS mee te voeren over het circuit. Ook ik, in mijn eentje daar namens Sport1, mocht een rondje mee en mijn chauffeur was... Max Verstappen. Ik stond klaar om in te stappen met mijn cameraatje, best wel een professioneel ding maar nog net met één hand vast te houden. Op dat moment kwam Jos eraan: 'Ik wil ook mee!'

Ik zei: 'Gezellig. Ik ga wel achterin zitten om te filmen, dan geef ik jou de microfoon en dan moeten jij en Max maar wat roepen.'

Ik stapte dus in, trok de gordel van de linkerstoel over mijn linkerschouder en deed rechts hetzelfde om me een beetje te verankeren. Ik kon mezelf dan met één hand nog wat vasthouden terwijl ik met de andere hand dat rondje filmde.

Toen we wegreden begon Jos in de microfoon te praten: 'Zo, daar gaan we. Dit is de eerste keer dat Max mij ergens rondrijdt. Ik weet zeker dat het een heel aangename ervaring wordt.' Hij voegde eraan toe: 'Ben je oké daar achterin, Ollie?'

Na te zijn vertrokken met wielspin reed een relaxte Max met een brede glimlach richting Sainte Devote, waar het rechtsaf omhoogging richting Casino. Bovenaan zag ik dat Jos zich schrap zette voor de knik naar links. Hij riep naar Max: 'Hou je 'm wel een beetje heel?' Even later hoorde ik: 'Het is helemaal niet leuk om mee te rijden' en meerdere malen: 'Dit is niet normaal.'

En Jos had gelijk, dit wás niet normaal. Hoe kon iemand zonder rijbewijs dat zo doen? En met een stráátauto ook nog, want dat is natuurlijk iets heel anders dan een Formule-auto. Er is geen downforce en voor je het weet maak je een foutje met zo'n ding en hang je hem ergens in de vangrail.

Het rondje kwam ten einde met rokende remmen. De video's ervan zijn later op de socialmediakanalen van Sport1 en Toro Rosso gezet en meer dan een miljoen keer bekeken. Max zelf was heel relaxed; toen Jos en ik instapten had hij al vijf of zes rondjes gedaan met andere tv-stations en journalisten. Hij zat er lekker in maar dacht volgens mij ook wel een beetje: ik zal mijn pa weleens even laten zien waar Abraham de mosterd haalt.

Dat was ook de periode dat de Formule 1-wereld en de journalisten kennismaakten met Max. Al in de eerste races trok hij de aandacht met uitremacties waaraan men in de Formule 1 al tijden niet meer dacht. Eigenlijk bracht hij de karttechniek van het uitremmen terug in de Formule 1. Het gebeurde regelmatig dat jongens er volkomen door verrast werden dat de auto van Max naast hen wist te komen. Hij twijfelde nooit bij een inhaalactie en zette hem er precies naast, zodat de ander niet meer kon insturen. Heel af en toe leidde dat tot een klein touché, maar het ging meestal goed.

Tijdens die eerste Grand Prix in Monaco deed hij nog iets anders opmerkelijks. Hij reed twaalfde, één plek achter Valtteri Bottas in de Williams, en was net daarvoor door Sebastian Vettel op een ronde gezet. Toen Bottas vervolgens na de Loewes Hairpin netjes opzijging voor Vettel, sloot Max meteen achter Vettel aan en haalde zo dus ook Bottas in. Het journaille, inclusief ikzelf, dacht al jaren: waarom doen coureurs dat soort dingen niet? Max had blijkbaar de slimmigheid om het wél te doen. Je dacht dat je alles gezien had in de autoracerij en de Formule 1, maar dit was zo'n bizar moment waarmee Max er toch weer een nieuwe dimensie aan gaf.

Nog zo'n moment kwam dat jaar op Spa, waar hij Felipe Nasr buitenom inhaalde in Blanchimont. De heersende opvatting was: buitenom in Blanchimont, dat gaat niet. Nou, dus wel! Negenennegentig van de honderd coureurs zullen een inhaalactie in zo'n bocht bínnendoor proberen, of logischer nog, pas bij het aanremmen voor de volgende bocht, de Bus Stop-chicane. Maar Max pakt telkens meteen de kans, een kans waarvan je als kijker nog niet eens doorhebt dat die er is.

In zijn begindagen was Max eigenlijk elke training bezig om te laten zien hoe hard hij kon. Zijn vader had dat ook. Ik herinner me dat Jos regelmatig op vrijdag tijdens de eerste vrije training de baan op ging en een tijd neerzette waar hij de rest van het weekend niet meer toe kwam. Zo zat hij in elkaar en in het begin van de carrière van Max zag ik hetzelfde. Als we op een nieuw circuit kwamen of op een baan waar het op dat moment nog nat was: boem! Dan stond hij er meteen en was zijn eerste rondje vaak een heel goed rondje. Misschien ook wel om een ijkpunt te creëren voor de rest van het weekend. Bij een racer als Giedo van der Garde ging dat heel anders. Die bouwde het op en wilde elke training weer wat harder om er dan in de kwalificatie zijn snelste rondje uit te persen. Max legde volgens mij de lat meteen hoog, ook met het oog op zijn engineers, zodat ze als team wisten welke kant ze op moesten met het afstellen van de auto.

Toch kwam er iets van een verandering na de kwalificatie voor de Grand Prix van Monaco in 2016. Max kwam natuurlijk vers uit zijn overwinning in Barcelona, zat net bij Red Bull en trainde op donderdag en zaterdagmorgen een vijfde, vierde en vijfde tijd. De hele wereld riep dat Max in Monaco zou kunnen excelleren. In Q1 van de kwalificatie was hij zelfs even als snelste onderweg, maar bij het zwembad raakte hij met zijn rechtervoorwiel nét iets te veel de vangrail, zodat zijn auto er na de bocht tegenaan crashte. Hij wist toen al dat die auto niet meer verder kon in de kwalificatie en dat hij dus achteraan zou moeten starten in de wedstrijd. En iedereen weet dat als je achteraan start in Monaco, je leuke dingen kunt laten zien en misschien in de punten kunt rijden, maar dat op het podium komen wel heel lastig wordt.

De wedstrijd, die kletsnat begon en gaandeweg opdroogde, werd gewonnen door Lewis Hamilton na een blunder bij Red Bull Racing. Daniel Ricciardo leidde de race, maar toen hij zijn intermediate-banden voor slicks wilde ruilen stond het team niet klaar en zag hij bij het verlaten van de pits Hamilton voorbijschieten. Max begon als eenentwintigste, was al snel goed onderweg met een aantal fraaie inhaalacties en liet ook een aantal keer de snelste ronde noteren. Op het steeds drogere asfalt zat hij achter Sebastian Vettel toen hij bij Casino op een natte plek terechtkwam en eruit crashte.

De kwalificatie van die dag heeft wel gevolgen gehad. Helmut Marko heeft naar eigen zeggen een gesprek gehad met Max, waarin hij gezegd heeft: 'Max, we weten hoe hard je kunt rijden, maar dat hoef je niet altíjd te laten zien.'

En als ik kijk naar de ontwikkeling van de coureur Max Verstappen, dan is die fout in Q1 een enorm sleutelmoment geweest in zijn benadering van kwalificaties. Hij kon sindsdien ook rondjes rijden waarbij hij de helft maximaal deed en de andere helft even iets minder, wetende dat hij het andere deel later nóg een keer kon doen. Hij realiseerde zich: ik hoef ze niet allemaal het bewijs te leveren dat als je mij de beste auto levert, ik de snelste coureur van het veld ben.

Dat het een sleutelmoment was bleek direct al omdat het seizoen daarna vrijwel foutloos verliep. Dingetjes zoals in Monaco maakte hij bijna nooit meer mee.

Dat hij er een keer in 2019 tijdens een training op vrijdagmiddag in Oostenrijk af ging met een listige wind en schade reed, dat was een ander soort situatie.

Met de Toro Rosso en de Red Bull-auto's van 2016 en 2017 (de RB12 en RB13) kon Max écht lezen en schrijven. Als er tijdens wedstrijden wat gebeurde met zijn auto, ving hij het gewoon op, en hij spinde bijna nooit. In Brazilië reed hij in 2016 een waanzinnige wedstrijd in de regen waarbij hij tijdens het verlaten van de Curva do Sol aquaplaneerde en richting de vangrail gleed. Hij hield hem er echter uit – ik had dat gelukkig meteen in de gaten – door alleen maar zijn rem los te laten. Als een wiel rolt, heb je grip, maar als het geblokkeerd is met de rem, is de auto een plank die alle kanten op kan glijden.

Rond 2018 zijn Red Bulls ontwerpbaas Adrian Newey en zijn mensen meer gaan werken met het zogenaamde *rake*-concept, waarbij de achterkant van de auto wat hoger staat dan de voorkant. Het zorgde ervoor dat als de auto dreigde te gaan schuiven, die soms veel moeilijker op te vangen was. Begin 2019 had Max in de wintertests regelmatig wat problemen met de auto. Pierre Gasly verloor hem zelfs twee keer en maakte aardig wat schade. De opvangmarge leek met die hoge rake kleiner geworden. Je hebt dan grip, grip, grip en op het moment dat die grip weg is, is hij ook helemáál weg. Een snelle corrigerende stuurbeweging helpt dan niet meer.

Jos heeft me bij het kijken naar een vrije training weleens uitgelegd wat een van de sterkste punten is van Max. Namelijk dat hij altijd zo verschrikkelijk snel zijn stuur weer in de juiste positie heeft, of dat nou is om rechtdoor te gaan of om de auto op te vangen. Mede daardoor heeft hij die sterke wagencontrole. Je zult Max bijna nooit eraf zien gaan omdat de auto links uitbreekt en hij hem bij het tegensturen over de rechterkant verliest. De meeste coureurs zijn een fractie te laat, waardoor het in de tweede slip misgaat, zoals Antonio Giovinazzi in 2017 overkwam in China. Die ging daar met Sauber twee keer op zijn plaat toen hij het rechte stuk op kwam. Beide keren was dat een kwestie van net een momentje te laat tegensturen. Max is daar veel alerter in, net zoals overigens Hamilton, Vettel, Alonso en ook wel Leclerc.

Max' status binnen Red Bull Racing is al een tijdlang onbetwist. Dat begon in 2016, toen hij Daniel Ricciardo een aantal keer versloeg in de kwalificatie en de race. Het hielp uiteraard ook enorm dat Helmut Marko en Honda riepen: we willen met Max de jongste wereldkampioen ooit hebben. Dan weet iedereen die zijn teamgenoot wordt: oké, alle ogen zijn gericht op Kwatta en even niet op mij. Je moet dan door je prestaties en je samenwerking met het team het respect opbouwen binnen het team. Dat is Pierre Gasly niet gelukt en het is Alexander Albon niet gelukt en vanaf 2021 moet Sergio Pérez het gaan proberen. Ik denk dat Checo alleen maar moet zorgen dat hij de vierde auto is, áls Red Bull tenminste goed genoeg is om bij de Mercedessen in de buurt te komen. En misschien is derde auto ook wel haalbaar, als Max en hijzelf Valtteri Bottas voor kunnen blijven. Ik zou als ik Pérez was zeker geen gevecht binnen het team aangaan om maar te laten zien dat ik sneller ben dan Max Verstappen. Misschien dat zoiets heel in het begin eens gebeurt in een vrije training, maar daar hoeft Nederland niet door in de war te raken. Het gaat er uiteindelijk om wat je op zondag binnenharkt en ik denk dat Pérez op zondag heel goed kan zijn. Hij is een slimme coureur, blijft vaak uit de problemen en heeft niet veel rare ongelukken. Heel af en toe wel, bijvoorbeeld in 2017 bij Force India, toen hij en teamgenoot Esteban Ocon elkaar vaak het licht in de ogen niet gunden. Dat is geen situatie die je bij Red Bull wilt hebben en ik denk dat er ook snel zal worden ingegrepen als zoiets dreigt te gebeuren. Pérez zal gewoon moeten streven om het maximale eruit te halen.

Max loopt wat mij betreft een normale school door in de Formule 1. En als hij straks zeven jaar bezig is en mensen roepen: 'Hij is nog geen wereldkampioen', dan zijn we er dus achter dat hij niet de beste auto in handen heeft gehad. Tijdens de wedstrijden die hij wél wist te winnen, zoals die in Mexico en de slotrace van 2020 in Abu Dhabi, won hij ook met overmacht. De Nederlandse fans moeten zich erop voorbereiden dat áls hij een dominante auto onder zijn kont krijgt waarmee hij de rest van het veld kan kleineren, hij dat ook zal doen. Ook als hij vier wedstrijden voor het einde van het seizoen al wereldkampioen wordt, zal hij in die laatste vier wedstrijden alles proberen binnen te halen, zoals we in het verleden zagen bij Michael Schumacher. Bij Lewis Hamilton zien we dat hij het in zo'n situatie soms een fractietje rustiger aan doet.

Dat Max zo ongehoord competitief is heeft ook te maken met het feit dat hij van jongs af aan een helder doel heeft: wereldkampioen worden in de Formule 1. Zijn hele leven is hem verteld wat hij daarvoor moet doen en moet laten, wat hij goed doet en wat beter moet. Dat competitieve is daarmee een persoonlijkheidstrekje geworden, en het is een trekje dat de echte topgasten kenmerkt. Met name na die wedstrijd in 2016 in Brazilië werd Max vergeleken met Ayrton Senna, maar ik denk dat hij qua agressiviteit, wil en bevlogenheid ook in de buurt komt van Michael Schumacher.

Belangrijk in de ontwikkeling van Max als coureur zijn de mensen om hem heen. Binnen het team van Red Bull heeft hij vooral te maken met Helmut Marko. Christian Horner is weliswaar de teambaas, maar hij is eigenlijk nooit met de rijders bezig, behalve in de publiciteit, als het hem uitkomt. Ik herinner me nog dat Horner bij de Grand Prix van China in 2018 helemaal aan het einde van de dag, toen bijna iedereen al weg was, iets zei over een uitlating van Max. Max had verkondigd dat het vermogen van de Renault-motor soms zo raar en onvoorspelbaar beschikbaar kwam. Horner sprak dat tegen door te zeggen dat ze in de data niks konden vinden wat dat bevestigde, vooral om Renault niet af te vallen.

De volgende ochtend ging ik een koffietje halen in de hospitality-unit van Red Bull, waar ik Jos sprak. Die vond het niet zo tof hoe die toestand met Renault in de pers naar buiten was gebracht. Het sprak immers tegen wat Max voelde in de auto. Het interessante was dat Helmut Marko bij binnenkomst direct op Horner afliep en hem zonder een goedemorgen toebeet: '*We need to talk.*' Ze gingen daarop met zijn tweeën in een hok zitten en dat heeft ongetwijfeld te maken gehad met Horners uitspraak de dag ervoor. Het ging hier namelijk niet alleen over Renault maar ook over rijderszaken, en dat was toch echt het terrein van Marko.

De rol van Jos is in de loop der jaren veranderd. In het begin ging hij eigenlijk altijd mee naar de wedstrijden, waar hij weleens het advies kreeg van Helmut Marko dat hij zich moest realiseren dat hij in beeld was op tv. Het kon gebeuren dat Jos met al zijn kennis en emotie stond te kijken terwijl er iets stukging aan de auto of de Renault-motor. De tv-regie schakelde dan naar hem toe, en je zag hem op zo'n moment teleurgesteld kijken of boos weglopen. Marko vertelde me een keer dat hij Jos had geadviseerd om zo neutraal mogelijk te blijven, want zulk gedrag kon negatief afstralen op Max en het team.

Op een gegeven moment is in goed overleg besloten dat Jos niet meer naar alle wedstrijden zou komen. Niet vanwege wrijving, maar omdat Helmut Marko vond dat Max goed genoeg was om op eigen benen te staan. Marko wist dat Jos en Max sowieso aan het einde van de dag pas echt overleg hadden. Als Jos op het circuit was, praatten hij en Max tussen de trainingen door niet per se heel veel. Dat gebeurt vooral op het einde van de dag, waarbij Jos met zíjn ervaring en zíjn visie een klankbord voor Max kan zijn.

Ik denk dat Helmut Marko uiteindelijk gewoon gedacht heeft: hoe minder afleiding, hoe beter. Sindsdien kiest Jos een aantal wedstrijden waar hij wél bij is, wat altijd heel gezellig is. En ja, natuurlijk weet hij dan altijd meer dan wij. Hij heeft een headset van het team op, hoort dingen van Max en heeft uiteraard zelf jarenlang in de Formule 1 gereden. Hij is een van die goede racevaders, zoals ook vader Button en papa Hamilton. Dat zijn vaders die gewoon kunnen zíén aan hun kind dat het niet goed gaat, zonder af te gaan op wat andere mensen zeggen of wat de tijdenlijsten aangeven. Van de vaders van bijvoorbeeld Felipe Massa of Mark Webber begreep ik daarentegen nooit waarom ze er bijna elke race bij waren, want die hadden dat niet. Het was natuurlijk leuk dat ze mee de hele wereld over konden reizen, maar ik moet er niet aan denken dat mijn vader meegaat naar mijn werk.

De nabije toekomst van de Formule 1

En zo zijn we aangekomen in 2021. Een seizoen waarin de Formule 1 voor het eerst doorgaat met auto's die het jaar ervoor gebouwd zijn. Er zijn natuurlijk wel een paar aanpassingen gedaan, maar de werkelijk grote verandering zal er vanwege de coronasituatie pas zijn in 2022. De auto's zullen dan volledig anders zijn. De teams hebben nog wel wat aerodynamische vrijheden, maar er wordt ook meer gestandaardiseerd, zoals bijvoorbeeld de voorvleugel.

Er wordt met de nieuwe aerodynamische basis van de auto's een grondeffect* gecreëerd, en de turbulente lucht achter de auto's wordt ook veel 'schoner', waardoor er dichter op elkaar geracet kan worden. Het is iets waar Ross Brawn en Pat Symonds bij de FOM heel lang mee bezig zijn geweest en het zal een stempel drukken op de competitie van de komende jaren. Misschien dat zoals bij de IndyCar een kleiner team zomaar ineens een topweekend kan hebben en dan een wedstrijd wint. Dat is de laatste jaren in de Formule 1 bijna

* Het grondeffect treedt op wanneer een auto door het aerodynamische ontwerp ervan naar het asfalt wordt gezogen.

nooit gebeurd. De grootste teams snoepen vrijwel alle overwinningen op.

Wat ik me afvraag is hoe mijn eigen werkwijze gaat veranderen. Belangrijk vind ik dat de verslaggeving zich blijft vernieuwen. De afgelopen zes of zeven jaar zijn we al meer op de tactiek gaan letten, maar daar wil ik weer een volgende stap in zetten. Ik onderzoek op dit moment bijvoorbeeld of ik de software die de Formule 1-teams bij de pitmuur hebben ook in mijn commentaarpositie kan krijgen, zodat ik mijn wedstrijdverslagen nog tactischer kan maken. Je kunt met die software zien waar iemand na een eventuele pitstop terug zal komen op de baan ten opzichte van de andere auto's. Je ziet de uitkomst in het rood als een pitstop niet verstandig is. Tot op heden reken ik zulke dingen zelf door. Iemand heeft een voorsprong van vijfentwintig seconden op de volgende auto, een pitstop kost vierentwintig seconden, en dus zou er precies één seconde voorsprong over moeten zijn na de stop.

Het zal interessant zijn om te zien wat er gebeurt tot 2025, als er nieuwe motoren in de auto's komen. Hoe ontwikkelt Red Bull de van Honda aangekochte motor? Ik heb inmiddels wel begrepen dat een flink aantal mensen van het Honda-F1-project bij Red Bull gaan werken om er een succes van te maken.

En hoelang blijft Fernando Alonso rijden? Gaat Lewis Hamilton nog veel langer door dan wij nu denken of stopt hij na een achtste wereldtitel? En wie wordt dan de nieuwe koning van de Formule 1? Heel veel mensen zullen Max als eerste in de lijn van de troonopvolging zien, maar dan moet hij wel de juiste auto hebben. En de vraag is: als die nieuwe reglementen er komen, is de Mercedes dan nog wel de beste auto? Of hebben ze daar al dusdanig ver doorontwikkeld dat de rest juist steeds makkelijker dichterbij kan komen? Zulke vragen bepalen voor mij de toekomst van de Formule 1 en zullen me ook de komende jaren weer druk bezig gaan houden.

Ik ben benieuwd of er weer grote nieuwe talenten bij zullen komen, zoals in de laatste jaren Charles Leclerc, Max Verstappen en – in zekere zin – George Russell, Lando Norris en Esteban Ocon. Rijdt er ergens nog iemand rond die een echte grootheid kan worden in de Formule 1? Toen Michael Schumacher zeven wereldtitels had gepakt riep ik dat het nog wel even ging duren voordat iemand in de buurt zou komen. Lewis Hamilton heeft bewezen dat je maar veertien jaar nodig hebt om zoiets voor elkaar te boksen. Ik heb nu wel het gevoel dat er niet zeven jaar na Lewis' pensionering weer een zevenvoudig wereldkampioen zal zijn. De FOM en de FIA proberen er juist voor te zorgen dat alles in de komende jaren veel dichter bij elkaar komt, zodat de races onvoorspelbaarder worden.

Het nieuwe financieel reglement moet daaraan bijdragen. Er is namelijk een budgetplafond afgesproken met de teams. Het idee is dat je zo niet meer een groot voordeel kunt behalen door heel veel meer geld en menskracht te investeren. Oorspronkelijk was dit plafond honderdvijfenzeventig miljoen dollar voor 2021, maar omdat de inkomsten voor alle teams in 2020 aanmerkelijk lager waren dan gewoonlijk is het bijgesteld naar honderdvijfenveertig miljoen, waarna het in 2022 naar honderdveertig miljoen gaat en naar honderdvijfendertig miljoen in 2023. Kosten die buiten beschouwing blijven zijn onder meer de salarissen van de rijders, de salarissen van de drie bestbetaalde mensen van het teammanagement en de marketingkosten. Hoe ze dat allemaal gaan controleren is voor velen een raadsel, maar mensen die er verstand van hebben zeggen dat het wel te doen is.

Het budgetplafond moet niet alleen zorgen voor een gelijker speelveld voor de teams, het maakt ook het toetreden van nieuwe investeerders of zelfs nieuwe teams mogelijk. Het vergroten van de aantrekkingskracht op investeerders lijkt inmiddels gelukt te zijn. De afgelopen tijd is Williams overgenomen, hebben we Aston Martin na zestig jaar terug zien komen met het geld van Lawrence Stroll en heeft de vader van Nikita Mazepin miljoenen gestort in de kas van het team van Haas. Er zijn de nodige gelukszoekers geweest die geld in teams gestoken hebben of ze zelfs hebben gekocht. De toekomst moet uitwijzen hoe serieus deze partijen zijn en of hun zakken zo diep zijn als ze zeggen. Lawrence Stroll lijkt in meer geïnteresseerd te zijn dan slechts een speeltje voor zoon Lance aangezien hij ook het automerk Aston Martin heeft opgekocht. Of Mazepin, die eerder Force India probeerde te kopen, een blijvertje is zal meer afhangen van zoon Nikita's vermogen om een volwaardig F1-leven op te bouwen. Na een uitglijder op social media ligt hij onder een vergrootglas en hij zal dus moeten zorgen dat hij het op de baan beter doet dan daarbuiten.

Ook interessant is of de traditionele televisiemaatschappijen de belangrijkste inkomstenbron voor de Formule 1 blijven. Of gaan we meer naar streamingdiensten? De Formule 1 heeft al wat geflirt met YouTube, waarop als experiment de Eifel Grand Prix van 2020 rechtstreeks vertoond werd. En er is al drie keer een serie gemaakt met Netflix, die telkens tijdens de winterstop uitkwam, als er geen races te zien waren. Als de

Formule 1 echter meer livewedstrijden gaat uitzenden via bijvoorbeeld Amazon, dan zullen de televisiemaatschappijen hun contracten goedkoper willen hebben. Ze krijgen er immers een concurrent bij die voor iedereen thuis te bekijken is, terwijl zijzelf exclusief uitzenden per land of per regio. Hoewel er gezegd wordt dat mensen minder voor hun tv gaan zitten voor series en andere programma's, geloof ik persoonlijk dat nieuws en livesport in de toekomst op de traditionele manier bekeken zullen worden. Mooier dan op een grote vijftiginchtelevisie kun je een wedstrijd niet zien, denk ik.

De toekomst zal leren of ik daar gelijk in krijg en ik maak graag deel uit van die toekomst. Wie weet moet ik me voorbereiden op een derde leven in de Formule 1?

Meer van Olav Mol

OLAV MOL
SNELLE SAM
De Grand Prix
VOLT

OLAV MOL
SNELLE SAM
De Kartcup
VOLT

OLAV MOL
SNELLE SAM
De klapper
VOLT

OLAV MOL
Een leven met Formule 1®
VOLT